讲给孩子的
故宫里的明清史

明朝 ②

谁是故宫"第一"的创造者？

阎崇年 著

童趣出版有限公司 编　　人民邮电出版社 出版

北　京

图书在版编目（CIP）数据

讲给孩子的故宫里的明清史. 明朝. 2：谁是故宫"第一"的创造者？ / 阎崇年著 ； 童趣出版有限公司编 . -- 北京 ： 人民邮电出版社，2023.3
ISBN 978-7-115-61083-6

Ⅰ．①讲… Ⅱ．①阎… ②童… Ⅲ．①中国历史—明代—少儿读物 Ⅳ．①K248.09

中国国家版本馆CIP数据核字(2023)第003293号

著　　　　：阎崇年
责任编辑：苗袁龙飞
责任印制：孙智星
美术编辑：王东晶
排版制作：北京卡古鸟艺术设计有限责任公司

编　　　　：童趣出版有限公司
出　　版：人民邮电出版社
地　　址：北京市丰台区成寿寺路 11 号邮电出版大厦（100164）
网　　址：www.childrenfun.com.cn

读者热线：010-81054177　　　经销电话：010-81054120

印　　刷：雅迪云印（天津）科技有限公司
开　　本：889×1194　1/16
印　　张：5
字　　数：120 千字

版　　次：2023 年 3 月第 1 版　　2023 年 3 月第 1 次印刷
书　　号：ISBN 978-7-115-61083-6
定　　价：32.80 元

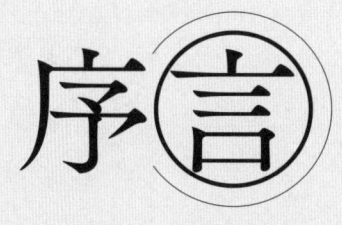

序言

　　亲爱的小朋友，你好！我已经快90岁了，头发和胡子都变成白色的了。为什么我年纪这么大了，还要给你写故宫的故事呢？

　　记得我很小的时候，住在山东蓬莱一个依山傍海的小村子里。寒冬的夜晚，我常常躺在热炕头上，听奶奶给我讲故事。因为我的爷爷和爸爸都在北京工作，他们回家探亲时分享了很多北京和故宫的故事，所以奶奶很喜欢给我讲北京的故事、故宫的故事。她常说："北京有几道很大很高的灰色城墙，还有绿色的护城河，城墙围起的那座城叫紫禁城，也就是现在大家常说的故宫。紫禁城里有红墙黄瓦的宫殿，是明清两朝的皇帝居住的地方，在那里发生了很多很多故事。"在奶奶滔滔不绝的讲述中，我对这些故事十分痴迷，对故宫越发感兴趣。

　　后来，我到北京上学，爸爸特意带我去参观了故宫。不仅如此，我和故宫也格外有缘分——我在北京的家离故宫很近，南北仅有一街之隔；读书的学校也离故宫很近，东西也仅有一街之隔。

　　也许在冥冥之中，奶奶给小时候的我所讲的故宫故事，深深地影响了我。大学时，我选择了就读历史系。毕业以后，我选择了研究历史的学术道路，着重研究明朝和清朝的历史。于是，故宫就进入了我的研究领域。

　　从2000年开始，我集中更多的时间和精力，着手读故宫、写故宫、讲故宫。我在中央电视台《百家讲坛》节目中同大家分享过我的研究成果，出版了《正说清朝十二帝》《康熙大帝》《大故宫》《故宫疑案》《故宫六百年》《大故宫六百年风云史》等图书，还在喜马拉雅网络音频平台上讲过《大故宫600年风云史》。除此之外，我在全国各地，甚至在美国、日本、韩国、新加坡、马来西亚等许多国家都讲过故宫。遗憾的是，这些年来，我给很多成年人讲过故宫，但唯独没有给小朋友讲过故宫。

3年前，童趣出版有限公司的总经理史妍老师邀请我给小朋友写一套"故宫里的明清史"，讲讲故宫建成600多年以来，发生过哪些有趣的历史故事，并且解读故事背后的那些有益的道理。我很高兴地答应了史妍老师的邀请，写出了我这辈子第一套给小朋友看的书。

亲爱的小朋友，不知道你有没有自己的小书架，如果有的话，我期待着你把这套书放在你的小书架上，抽空就翻一翻、读一读、看一看、想一想，从中长知识、增智慧、润品德、强身体，长大后成为一个对国家、对社会有用的人才！

阎崇年

2022 年 10 月

目录

正统

（1436 年—1449 年）

景泰

（1450 年—1457 年）

天顺

（1457 年—1464 年）

成化

（1465 年—1487 年）

01

故宫里的第一位小皇帝

这位小皇帝是怎么创造出好几个故宫「第一」的？

少年天子

这册开篇要说的这位小皇帝，就是正统皇帝朱祁镇。他登上皇位的时候才9岁①，要放在现在啊，才上小学三年级。这位小皇帝，创造了好几个故宫的"第一"。首先，他是第一位出生在故宫的皇帝。在他之前的5位明朝皇帝，都是在故宫建成之前出生的。其次，他是明朝的历位皇太子中册立时年龄最小的一位，才出生84天就已经被立为皇太子了，也就是说，那时候他还不到3个月大，是故宫里第一位这么小就被立为皇太子的。什么是皇太子？皇太子就是皇帝的接班人。一般情况下，皇帝选择皇太子，是要经过深思熟虑的，也要经过一段时间的考察。他的祖父洪熙皇帝朱高炽，是27岁被立为皇太子的；父亲宣德皇帝朱瞻基，是26岁被立为皇太子的。而他这么小就当上皇太子了，这是为什么呢？

---

① 本书人物年龄统一按照虚岁计算。

因为他的母亲孙贵妃，是宣德皇帝最宠爱的妃嫔。宣德皇帝感情用事，不仅让小小的朱祁镇做了皇太子，还让孙贵妃做了皇后，搬进坤宁宫，逼原来的胡皇后主动退位，离开坤宁宫，搬到长安宫（今景仁宫）。按照规定，皇太子是有很高的待遇的，所以朱祁镇从小就生活在"福窝"里，享受着锦衣玉食。年幼的朱祁镇不仅受到宣德皇帝的喜爱，也被寄予了很高的期望。有一天，宣德皇帝把他抱在膝盖上，问他："你将来做了皇帝，能让天下太平吗？"刚刚会说话的朱祁镇说："能！"宣德皇帝又问他："如果有犯上作乱的，你敢亲自率领大军去讨伐吗？"他回答："敢！"这两个响亮的回答，肯定是朱祁镇脱口而出的，幼小的他还不能明白自己所肩负的期望有多重。

朱祁镇创造的第三个"第一"，就是他成为了故宫里的第一位少年天子，也是明朝历史上第一位孩童皇帝。宣德十年（1435 年）正月初三，家家户户都还在过年，皇帝居住的乾清宫突然传出噩耗，37 岁的宣德皇帝去世了。只有 9 岁的朱祁镇继承皇位，成为正统皇帝。

接受系统的教育

与此同时，朱祁镇还创造了第四个"第一"，故宫里第一位继位前还没有上过学的皇帝。

因为正统皇帝继位时年纪太小，国家大事由张太皇太后做主，再由朝廷的内阁

具体料理。而小皇帝的主要任务，就是学习。小皇帝学习的地点，主要在文华殿。

在如今故宫太和门的东面，有一座红墙环绕的建筑，就是文华殿。走进文华门，就进入了文华殿庭院。庭院的前面是文华殿，后面是主敬殿，两殿之间由一条走廊连接，这种两横一竖的布局就像一个"工"字。在"工"字建筑布局的东西两侧，还有厢房。自从奉天、华盖、谨身三大殿（今太和殿、中和殿、保和殿）被火烧毁以后，文华殿也成了皇帝日常办公的地方。当初宣德皇帝病重的时候，就是在文华殿，把朱祁镇托付给身边的大臣的。

正统皇帝读书接受教育，主要依靠"三杨"，"三杨"指的是老臣杨士奇、杨荣、杨溥。这三人历仕永乐、洪熙、宣德三朝，宣德皇帝去世后，在张太皇太后

的支持下，继续在内阁做官，成为四朝老臣。当时，正统皇帝连启蒙教育都还没有接受过，"三杨"等大臣针对他的情况，建立起严格规范的经筵制度。

什么是经筵？"经"指经典，主要是儒家的"四书五经"；"筵"的本意为竹席，引申指座位，此处是讲席的意思。合起来，经筵就是儒臣给皇帝上课，讲授儒家经典、治国之道等，经筵制度也就是皇帝学习的制度。给皇帝讲课的官员叫经筵讲官。通过经筵，君臣共同学习经典，相互研讨，结合朝政实际，阐发儒家思想。明初，经筵没有固定的日子，也没有固定的场所，正统初年，开始成为常规的礼仪，每月的初二、十二、二十二举行经筵，寒暑天暂且免除。经筵之外，还有日讲，日讲的礼仪并不算烦琐，但要求皇帝反复诵读规定的功课。就这样，年幼的正统皇帝开始在文华殿，接受正规系统的儒家传统教育。

从9岁到16岁，正统皇帝逐渐长大。在这段时间里，治国大政主要靠张太皇太后。她就是前面我讲过的"五全皇后"张氏，也就是正统皇帝的祖母。张太皇太后成了幼小的正统皇帝的主心骨，对宣德皇帝留下的朝廷大臣，比如著名的"三杨"非常信任，继续留用，保证了朝政的正常运转。

正式定都北京

可以说，正统皇帝几乎是伴随着北京城和北京皇宫三大殿的建设长大的。正统二年（1437年）到正统四年（1439年），朝廷全面兴修北京的城池门楼，每座城门都建起一座高大的门楼，门外立起牌楼。原来的木头桥，都改成了坚固的石头桥，两座桥之间还设有水闸。护城河堤岸用砖石砌起来，河水环绕北京城，连接起大运河。而且在北京城的4个城角都建起角楼，角楼和每座城门还构成了坚固的防御体系，既结实，又壮观。正统五年（1440年）三月，正统皇帝下令重建皇宫三大殿、乾清宫和坤宁宫。正统六年（1441年）十一月，经过1年多的艰苦施工，三大殿、乾清宫以及坤宁宫终于重修完成！正统皇帝宣布，在全国实行大赦，给罪犯重新做人的机会，还宣布定都北京！虽然早在永乐皇帝朱棣统治时期，明朝就已经将首都迁到了北京，但南京还一直保留国都的称呼。明朝的首都到底是设在南京，还是设在北京，这件长期悬而未决的大事，终于在正统皇帝统治时期得以落定。

第二年，也就是正统七年（1442年）五月，由张太皇太后做主，为16岁的正统皇帝举行盛大的婚礼。朱祁镇又创造了故宫的第五个"第一"：第一位在重修好三大殿、乾清宫、坤宁宫的皇宫，举行大婚典礼的皇帝，而他的皇后钱氏，则成为明朝第一位从大明门抬进皇宫的皇后。

02

小皇帝身边的大太监

大太监王振是怎样一步步独断专权的？

正统皇帝大婚后不久，他的祖母张太皇太后就去世了，而父亲宣德皇帝留给他的得力大臣"三杨"，也因年老、患病相继去世。那么，接下来年轻的正统皇帝会依靠谁呢？

正统皇帝的精神依赖

正统皇帝依靠的并不是贤能的大臣，而是一个大太监。这个大太监名叫王振，是河北蔚（yù）州（今河北省张家口市蔚县）人，年少的时候被选入内书堂。什么是内书堂？这是宣德皇帝在皇宫里设立的学堂，专教小太监学文化。王振在内书堂学习以后，就被派到当时的皇太子朱祁镇身边，照顾他的日常生活。可以说，朱祁镇是在王振的陪伴和照料下长大的，所以他很依赖王振。朱祁镇曾经亲口对王振说："我做皇太子这些年，你日夜在身边伺候，就连吃饭、睡觉的时候也是一样，不仅尽心尽力地保护和帮助我，还给我正面的提醒和忠告，贡献实在是很多。"我在前面讲过，朱祁镇的生母并不是孙贵妃，孙贵妃悄悄地把宫女生的儿子，也就是朱祁镇，伪装成是自己生的儿子。因此，朱祁镇从小就得不到生母的爱抚，又因父亲早逝，小小年纪就失去了父亲的保护，是王振一直在他身边照顾他、帮助他，所以他对王振说这番话时，感情是很真挚的。

无法无天的王振

朱祁镇对王振颇为喜爱和信任，当上皇帝后，就让王振做了司礼监掌印太监。这是个什么官职呢？明朝管理太监和宫廷事务的机构一共有12个"监"，司礼监是其中的一个机构，而且是排位第一的重要机构。司礼监中有掌印太监、秉笔太监等官职，担任这些官职的都是皇帝最信任的人，他们每天都在皇帝身边，替皇帝掌管印玺，或者替皇帝批答奏章。

张太皇太后活着的时候，担心太监干政，对王振心有戒备，时时敲打和训斥他。王振心中惧怕，所以还不敢放肆。等到正统皇帝大婚以后，张太皇太后和"三杨"相继去世，王振就没有了约束，变得飞扬跋扈、专权独断起来。他对"不听话"的大臣狠下毒手，比如，对刘球就是如此。

刘球是一位资深大臣。早在正统皇帝的曾祖父永乐皇帝执政的时候，他就考中了进士，曾在家闭门读书10年，有很多学生跟着他学习，后来，他就到朝廷做了礼部的一位主事。正统年间经过推荐，刘球负责给年幼的正统皇帝做经筵的助教，再后来就到翰林院做侍讲。刘球对自己要求很严。他有一位堂弟叫刘玭（pín），在福建莆田做知县，当地出产一种麻布叫夏布，刘玭就送给刘球一匹。这本来也不是什么值钱的东西，但是正直的刘球不仅原物归还，还给刘玭写了一封信，讲清楚这里面的道理。

刘球得罪王振，是在正统六年（1441年）。当时王振极力怂恿正统皇帝，出兵西南的地方政权麓（lù）川，加强对西南边陲的统治。为此，刘球给正统皇帝上了一份奏疏，反对用兵西南，而且指出西北的蒙古瓦剌（là）始终是边疆大患，如果把甘肃的守将调去西南，瓦剌来袭，用谁去抵抗呢？刘球的这份奏疏分析得条条有理，完全是出于对国家的忠心。尽管正统皇帝并没有接受刘球的建议，还是派兵攻打麓川了，但是王振从此对刘球记了仇。

2年后初夏的一天，雷电突然击中了奉天殿的鸱吻，所幸没有烧着奉天殿。要知道奉天殿可刚修好没几年啊。这件事让正统皇帝十分震惊，为什么老天要下这种警示呢？他下令大赦，还下诏让大臣们提意见。正直的刘球就此上了一份奏疏，开门见山地提醒正统皇帝，要亲理朝政，把权力集中到皇帝自己的手里。

刘球有一位同乡，叫彭德清，是钦天监正，负责观察天象、推算节气、制定历法。他投靠了王振，而且是王振的心腹，刘球根本就不与他来往。彭德清十分痛恨刘球，就把刘球奏疏中建议正统皇帝集中权力的话摘抄给王振，说："这是在暗中指责您啊。"王振本来就对刘球怀恨在心，听彭德清这么一说，立刻怒火万丈。正好有一位官员叫董璘，也上了一份对王振不利的奏疏，于是王振就说董璘和刘球是同谋，并把他们都关进诏狱，也就是锦衣卫的监狱中。接着，心狠手辣、无法无天的王振又命令他手下的爪牙马顺，去杀刘球。

深夜，马顺带着一个打手来到刘球的牢房。刘球刚刚躺下，听到声音立即站起来，大叫："太祖①啊，太宗②啊！"马顺和打手挥刀一砍，刘球身亡。事后，马顺把刘球的尸体埋在牢房的地下。被关在监狱中的董璘悄悄藏起刘球的一件沾满鲜血的衣服，出狱以后交给了刘球的家属。后来刘球的儿子刘钺（yuè）找到了父亲的一部分遗骸，就用这件血衣包裹起来，为父亲办理了后事。

从王振杀刘球这件事可以看出，王振当时的气焰有多么嚣张，手段有多么残忍！而这些的背后，是正统皇帝的无能、无知和无智。

恶人自有恶报

本来，故事讲到这里就应该结束了，但是我还想说一说后来发生的一些事情。

刘球被冤杀，留下两个儿子刘钺和刘钌（yú）。这两个儿子继承了父亲的品格，认真读书，耕读持家，养活母亲。后来刘球被平反，他的两个儿子获得了参加科举考试的资格，先后考中进士，刘钺做了广东参政，刘钌做了云南按察使。

恶人自有恶报。马顺有个儿子病了很久，有一天他突然抓住马顺的头发，连打带踢，大声说："老贼，谁让你那天降祸于我？我是刘球！"马顺吓得浑身发抖。不久，他的儿子就死了，那个跟马顺一起杀刘球的打手，竟然也死了。

那么，王振和马顺的下场呢？纵容王振胡作非为的正统皇帝，又遭遇了什么样的灾难呢？下一个故事中，我再讲给你听。

---

① 明朝开国皇帝洪武皇帝朱元璋的庙号。庙号是皇帝死后在太庙供奉时所用的名号。
② 永乐皇帝的庙号。

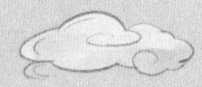

皇帝在土木堡做了俘虏

大明天子被俘的悲剧是谁造成的？

朱祁镇，真是一位"第一"的创造者。除了我在前面讲过的他创造的 5 个"第一"外，他在 23 岁的时候，又创造了故宫历史上的第六个"第一"——第一位做了俘虏的皇帝。皇帝这么高贵，深居皇宫，怎么会做了俘虏呢？

正统十四年（1449 年），真是多灾多难的一年。正统十三年（1448 年）洪水泛滥，导致黄河改变河道，河水冲破堤岸，淹没大片田地，百姓流离失所，1 年后水患问题还是没有被完全解决。接着南京皇宫的谨身殿被大火烧毁，吓得正统皇帝赶紧大赦天下。而最大的灾难，就是正统皇帝被蒙古瓦剌俘虏了。

蒙古瓦剌的崛起

元朝虽然被推翻了，但蒙古骑兵一次又一次地南下袭扰，成为困扰明朝的北疆大患。到正统皇帝执政的时候，蒙古的瓦剌崛起且日益强大。当时瓦剌的首领叫也先，他把蒙古各部重新统一起来，成为全蒙古的大汗。在这个过程中，瓦剌与明朝维持着一个正常的臣属关系，经常派使臣来朝贡。明朝也是采取拉拢的政策，以礼待人，盛情款待瓦剌来使，还回赠丰厚的礼物。

但是，随着瓦剌势力逐渐强大，他们对待明朝的态度也发生了转变。首先表现为使臣越来越多。明朝对瓦剌的赏赐是按使臣的人数来计算的，使臣越多，瓦剌能拿到的赏赐就越多。因为贪爱明朝的赏赐，瓦剌的使臣从开始的不超过 50 人，到后来甚至能达到好几千人。这些所谓的使臣不光人数众多，而且来到北京一住就是好几个月。其次，他们朝贡的礼物，质量也出现了问题。他们甚至把老马、病马也牵到北京来了。大太监王振被惹火了，他打破惯例，让礼部大大削减了赏赐的礼物，并降低马价，这一举动直接惹怒了也先。这些年来，王振在宫里横行霸道、为所欲为，没想到在瓦剌使臣面前这么一任性，就给明朝招来了巨大的灾难。

自不量力的御驾亲征

正统十四年（1449 年）七月，也先率领大军来犯，骑兵浩浩荡荡，来势凶猛，很快就进入宣府（今河北省张家口市宣化区）。军情紧急，事态严重，怎么办？王振怂恿正统皇帝亲征。什么是亲征？亲征就是皇帝亲自率领兵马出征，这可是一件大事！正统皇帝从小就不喜欢什么诗啊、书啊，而是很喜欢骑马游猎。这一年，正统皇帝 23 岁，本来他就不懂军事，也没有经过战争的历练，但是他年轻好胜，还特别好大喜功。年轻的正统皇帝很想通过这件事立一个奇功，所以就决定亲征。

大臣们苦口婆心地劝阻正统皇帝，不听；大臣们又劝正统皇帝做充分的准备，不听；再请求正统皇帝好好选出合适的将领，不听；最后请求正统皇帝先制定出制胜的兵略，还是不听。正统皇帝觉得，有王振就可以搞定一切，依靠王振就一定可以凯旋。

在王振的唆使下，七月十六，正统皇帝亲征的大军从北京出发了。这号称 50 多万的大军，是在十分仓促的情况下从各地临时调来的。这么重要的军事行动，竟然没有周密的计划，没有作战方略，没有前敌侦察，没有后勤保障，全听一位宫里的太监指挥，可以说，这场亲征从一开始就注定了失败的结果。

正统皇帝不仅亲征，还命令满朝的文武大臣随军陪同，简直像是皇帝带着大臣们在巡游，哪里有打仗的样子？！大军慢慢腾腾地走到宣府这个地方，遇上了暴风骤雨。有人提出，这么大的风雨，大军应该停止前进，在这里休整一下。但是王振不容许别人插嘴，不管这个意见对不对，坚决不听，继续行军，还更加嚣张跋扈。成国公朱勇等人去见王振说一些事情，都要跪着挪步前行。兵部尚书邝（kuàng）埜（yě）、户部尚书王佐因忤逆王振，被罚跪在草地上。封勋爵之人、六部诸位尚书，在王振面前，或跪着用膝盖走路，或在草中罚跪，在这50多万大军面前，哪里还有大臣的尊严？哪里还有王朝的礼法？可以想见，这样的行军不仅毫无尊严，更是毫无效率，只能拖垮队伍。

天子蒙难被俘

八月初二，正统皇帝率领大军来到大同。这里距离蒙古的地盘已经很近了。王振的心腹郭敬，是从宫里派来的镇守太监，他告诉王振，也先来势凶猛。王振害怕了，急劝正统皇帝班师回朝。正统皇帝出来十几天了，长时间的行军让他十分疲惫，显然不如在宫里舒服，便也同意打道回府。于是，这50多万大军被折腾得人困马乏，还没见到瓦剌的影子，就要掉转马头往回走。

没想到，这时王振又弄出个么蛾子。起初，他指挥大军绕路走紫荆关（坐落在河北省保定市易县），是打算让正统皇帝路过蔚州，也就是到自己的老家去一趟，借此机会光宗耀祖，给自己长长脸。但是走了一阵子，王振又担心这50多万大军路过自己的家乡时，把庄稼给踩坏了，遭乡亲们埋怨。于是又命令大军调转路线，还是走宣府这个地方，然后再从宣府回到北京。这么一来，又延误了好几天。

八月十三，明军前锋遭遇大规模的瓦刺军队，主将战死，前去救援的军队在鹞儿岭遇伏，全军覆灭。这个消息传来，严重动摇了回朝大军的军心。

八月十四，大军走到土木堡安营扎寨。土木堡在今天的河北省张家口市怀来县境内，距离北京也就 120 千米左右。可到了第二天，也就是八月十五，明军连续遭遇了 6 个不利。

第一个不利：这里远离河流，地势高，挖井也不出水，这么多人马口渴难耐。

第二个不利：带的粮食吃光了。

第三个不利：马匹把草料吃光了。

第四个不利：连续几天都是刮风下雨，但大军未备雨具，官兵们浑身湿透。

第五个不利：出师无功、朝令夕改、前锋大败，这些都严重影响了士气。

除了这 5 个不利，第六个不利最是荒唐，那就是三军无帅，听一个根本不懂军事的大太监王振瞎指挥。

瓦刺兵早已埋伏在附近的谷地，以逸待劳，等待时机。见明军停滞不前，瓦刺兵假装撤退，王振就命令军队向南出发，转移营地。军队刚一移动，也先就带

领骑兵向着明军发起突击。明军大乱，自相践踏，溃不成军。这一仗，明军官兵死者数十万，损失骡马 20 多万匹，大学士张辅等 50 多位高官都被杀死，王振也在混战中被杀死。

在混战中，正统皇帝在侍卫的保护下居然毫发无损，他索性席地而坐，等待惩罚。这时，一名瓦刺士兵发现了正统皇帝，就对他大声说："快脱下你的铠甲！"正统皇帝抬眼看了一下，没作声。那人挥刀就要砍，被另外一名瓦刺士兵拦住了，他见这人气度不凡，像个大官，就找来明军的俘虏相认，没想到坐着的这个人竟然是大

明天子。也先高兴坏了，立即把正统皇帝看管起来。

明朝因为错误的时间、错误的地点、错误的主帅、错误的路线、错误的兵略，铸成了大明天子被俘的悲剧后果。这就是震惊朝野的"土木之变"。正统皇帝被俘之日正是八月十五中秋节，这真是太悲惨了！

从此，朱祁镇开始了长达 1 年的俘虏生活。堂堂大明皇帝，却沦为瓦剌的俘虏，朱祁镇创造了故宫历史上的又一个"第一"。

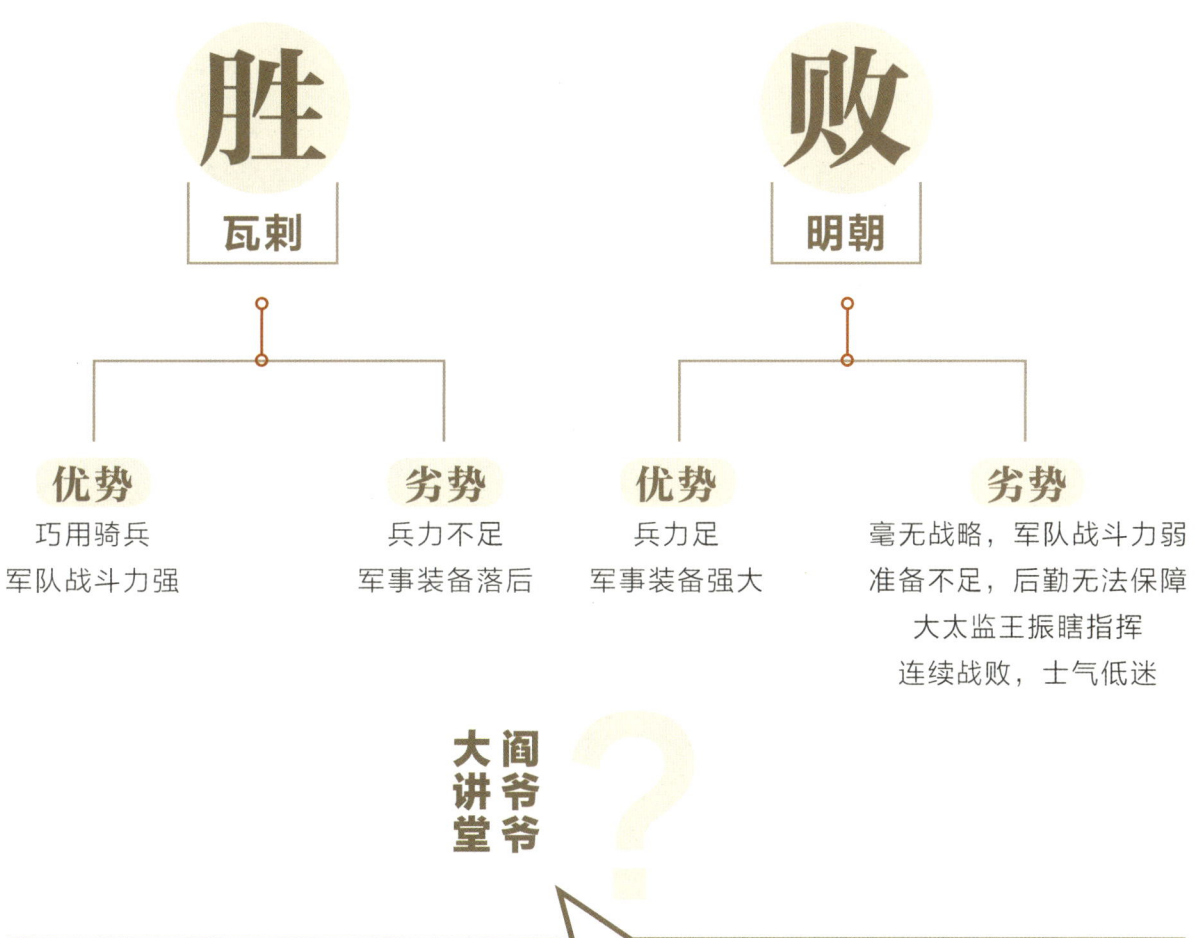

"土木之变"双方实力对比

胜 瓦剌

优势
巧用骑兵
军队战斗力强

劣势
兵力不足
军事装备落后

败 明朝

优势
兵力足
军事装备强大

劣势
毫无战略，军队战斗力弱
准备不足，后勤无法保障
大太监王振瞎指挥
连续战败，士气低迷

阁爷爷大讲堂？

为什么瓦剌朝贡的礼物中有马呢？

古代的时候，士兵多骑马作战，马匹是非常重要的战略物资。而蒙古作为游牧民族，盛产马匹。明朝时期，蒙古各部多以马匹、牛羊、皮毛等物换取明朝的粮食、布匹、茶叶等生活生产用品，双方建立了长期的朝贡关系。在明朝朝廷的控制下，双方会在指定地点进行贸易活动，这种活动也称为"茶马互市"。

04

瓦剌手里的太上皇

正统皇帝被俘，谁来做新皇帝？

在土木堡被俘后，正统皇帝被带到也先的弟弟赛罕王面前。正统皇帝见到赛罕王就主动问："您是也先，还是伯颜帖木儿、赛罕王、大同王呢？"正统皇帝一口气问出4位瓦剌贵族首领的名字，对瓦剌情况的熟悉程度和这种不卑不亢又咄咄逼人的气势，让赛罕王很惊异。也先赶紧派出使过明朝的人前来辨认，再次确认这就是明朝的皇帝后，也先真是又惊又喜，马上把正统皇帝当作讨价还价的筹码，打算去与明朝换取更大的利益。

正统皇帝被俘当天是正统十四年（1449年）的中秋节，在一轮明月刚刚升起的时候，正统皇帝写下一封信。他写道："我现在在也先的弟弟伯颜帖木儿的营帐里，他们对我以礼相待。他们的目的是得到金银绸缎，希望你们尽可能筹措，火速运来，我也可以脱困。千万千万要这么做！"从这封信我们可以感受到，正统皇帝是多么希望回到皇宫啊！

危难之际的抉择

坏消息在八月十六传到皇宫，正统皇帝的母亲，也就是当年那个把朱祁镇从宫女手里抢来做儿子的孙太后，连忙叫来钱皇后商量，打算先封锁消息，筹措金银绸缎，把正统皇帝赎回来。但是，纸包不住火，坏消息根本瞒不住。正统皇帝被俘的消息很快就传播开来，朝野大震，官民惊恐。

八月十八，孙太后只好在午门召集百官，宣布败报，并命郕（chéng）王朱祁钰监国，也就是替正统皇帝看摊子。朱祁钰是正统皇帝同父异母的弟弟，比正统皇帝小了近 1 岁。按照当时的继承制度，能替代正统皇帝，具备继位合法性，又能稳定局势的人，怕是只有朱祁钰了。

孙太后和朱祁钰让朝臣们尽快商议对策。在一片大哭声中，翰林院侍讲徐有贞说："这是天象在示警，只有尽快南迁都城，才能避开劫难。"兵部侍郎于谦大声说："建议南迁的人应该斩首！北京是天下根本，根本一动，事情就无法挽回了，大家都想想宋朝南迁的教训吧！"听到于谦这么说，孙太后和朱祁钰立刻来了精神，把防守的重任交给于谦。于谦建议采取一系列措施，加强对北京的防卫，这才使人心逐渐安定。

八月十七到八月二十一，也先挟持正统皇帝先后来到宣府、大同城下。两城的守将虽然知道皇帝来了，但为了安全，都拒不开城门。后来，大同守将送出了大量的金银绸缎，孙太后和钱皇后也从北京送来用 8 匹马驮着的金银财宝。也先拿到了丰厚的财物心满意足，但并不放人，而是挟持正统皇帝回到大漠深处的老营。

还没等正统皇帝从瓦剌大营回来，八月二十，孙太后就抓紧立正统皇帝年仅 3 岁的儿子朱见深为皇太子。这是孙太后为自己打的小算盘。当初她是因为有了朱祁镇这个儿子，才取代胡皇后，成为了皇后，万一儿子回不来，如今主持朝政的可是朱祁钰，那朱祁钰的母亲岂不成了皇太后？所以她立自己的亲孙子为皇太子，是为了保住自己的地位。

午门前的混战

八月二十三，朱祁钰在皇宫的午门召集大臣们商量对策。这里介绍一下午门。午门，是皇宫的第一道正门，平面呈一个"凹"字形。门楼建在高台之上，一共 5 座，中间是正楼，两边各有两座阙阁，正楼像凤凰的身体，阙阁像凤凰的翅膀。所以午门又被称为五凤楼、雁翅楼。午门共有 5 个门，正面开有 3 个门，两侧各开 1 个门。最中间的正门，只有皇帝才能出入。除此之外，皇后在大婚进宫的时候，喜轿可以从这里走一次。在皇宫参加殿试的状元、榜眼、探花三人，宣布殿试结果后，也可以从午门出宫。

在午门，大臣们纷纷弹劾大太监王振，认为是王振造成了这次大祸。朱祁钰说："你们说得都对，朝廷自有处置。"这话听着就像是在敷衍，所以他刚说完，百官就跪成一片，恸哭不起，有人大声说："圣驾被留在瓦剌，都是王振的罪过，殿下如果不马上处理，怎么能安抚人心？"这时，有一个太监在不停地大声呵斥，让大臣们退下。这个人就是王振手下那个叫马顺的太监，当年他残忍地杀死了刘球，这时已经是锦衣卫指挥。一看王振的同党没了靠山还敢如此肆意妄为，官员王竑（nóng）振臂而起，揪住马顺的头发喝道："你们这些奸党，罪该杀头，你还敢在这里放肆！"王竑越骂越恨，照着马顺的脸就咬了下去。其他官员也一拥而上，有人还脱下马顺的靴子打马顺，一直追到午门东北侧的左顺门（今协和门）附近。就这样，众位官员把马顺活活给打

死了。朱祁钰被这个阵势吓住了，起身想走，王竑率领群臣紧跟着朱祁钰不放，大喊："太监毛贵和王长随，也是王振一党，请殿下将他们法办！"于是朱祁钰就命人从门缝之间拽出这两个太监，众人很快又把这两个太监打死了。不仅如此，王振的侄子、锦衣卫千户王山也被抓来。大臣们说这个人不能打死，要让他服法。于是把王山绑到刑场，凌迟处死。王振专权 7 年，弄得朝廷乌烟瘴气，此次借着皇帝被瓦剌俘虏，大臣们多年来被压抑的情绪爆发了，这就是发生在午门的斗争事件。

于谦稳定局势

眼看大臣们快要失去理智，有一位大臣上前拉住朱祁钰的衣服，跟他说了一番话，于是朱祁钰宣布："马顺等人论罪该

死，刚才大家把他打死，不再追究！"大臣们的情绪才逐渐安定下来。这个人就是于谦。在刚才的混乱中，于谦的衣襟和袖子都被撕破了，但他始终保持着理智。后来，王振的族人全部被斩，朝廷籍没王振的家产，得金银60多库，玉盘100多个，高六七尺的大珊瑚20多株，其他珍玩，不计其数。

九月初一，群臣联合上奏疏给孙太后，请求立朱祁钰为皇帝，孙太后无奈下懿旨批准。结果，朱祁钰躲到了自己的郕王府里，再三推辞。于谦正色道："臣等都是因为忧虑国家，绝不是为了个人私利而做出这个决定的。"这时，都指挥使岳谦出使瓦剌返回北京，带回了正统皇帝的口信，说是可以由朱祁钰继承皇位。

5天后，也就是九月初六，朱祁钰正式即皇帝位，遥尊朱祁镇为太上皇，改次年为景泰元年。就这样，明朝终于度过了由于皇帝突然被俘带来的严重危机。你看，朱祁镇又成为了故宫历史上的第一位太上皇，创造了第七个"第一"。

北京保卫战

虽然明朝无主的危机已经度过，但太上皇朱祁镇作为人质还在瓦剌手里，一旦满足不了瓦剌的需求，瓦剌随时都有可能攻打北京。景泰皇帝朱祁钰把于谦升为兵部尚书，主持北京防守大计。为了保卫北京，于谦做了精心部署。

十月，也先挟持着朱祁镇，兵临北京城下，要求明朝派大臣出城来见朱祁镇，谈谈条件。景泰皇帝担心朱祁镇回来会威胁到自己，坐不稳皇位，所以犹豫再三，最后派出两个小官，穿上大官的官服，出城去见朱祁镇。只见朱祁镇憔悴不堪，非常可怜。也先说："你们这两个人不够分量，回去叫够分量的人来。"这两个小官就赶紧回宫报告。景泰皇帝本来就不愿意让朱祁镇回来，就将这事拖了下来。过了不久，也先见这事没动静了，便开始攻城。

于谦率领北京的军民，誓死保卫北京。他穿戴甲胄，身先士卒，抱着以死殉国的决心，流着眼泪鼓励将士们，使得士气大增，大家决心背水一战。这次作战，也先率领的军队奋力攻城。他本以为北京不堪一击，可没想到北京的守军严阵以待，军纪严明。于谦下令用大炮守城，奋力御守，甚至连百姓都登上屋顶，用扔砖、瓦的方式参加战斗。北京的军民齐心协力，奋勇拼杀，击退瓦剌兵，也先的弟弟孛罗和平章卯那孩中炮而死。也先一看形势不妙，挟持着朱祁镇先撤了。

经过几天的激战，明朝击退瓦剌，取得了保卫北京的胜利。

于谦的备战策略

命令守边诸将协力防守 → 招募民兵 → 制造兵器盔甲

↓

将通州储存的粮食运到北京 ← 迁城关居民入城，免遭敌军杀掠 ← 派遣诸将分守九门，在城外安置军营

大讲堂 阁爷爷 ？

为什么大臣们最后会选择朱祁钰当新皇帝呢？

意气风发的正统皇帝北征瓦剌，却不幸成了瓦剌的俘虏。为了稳定局面，抵御外虏，最好的办法就是拥立一个新皇帝。

在这种危机时刻，一个成年皇帝可以振奋人心，更有利于稳定局势。所以，正统皇帝年仅3岁的儿子朱见深显然不适合主持大局。儿子不适合，只能找正统皇帝的弟弟了。郕王朱祁钰碌碌无为，没有什么根基，在朝中大臣们看来，是最合适的新皇帝人选。大臣们希望新皇帝能够听从他们的意见，不会掣肘群臣的决策，所以朱祁钰自然是最合适的人选。

05

从黄金筹码到大累赘

被俘虏的朱祁镇最后被释放了吗？

上文提到，正统皇帝朱祁镇被瓦剌俘虏以后，明朝很快就有了新的皇帝，也就是景泰皇帝朱祁钰，朱祁镇丢失了皇位，成了太上皇。本来，太上皇一般都是皇帝的父亲，哪有弟弟做皇帝，哥哥做太上皇的？况且，这个太上皇还是一个俘虏。所以，朱祁镇的心情有多难过，是可想而知的。

起初，也先把朱祁镇当作黄金筹码，想用他来换取更多的金银绸缎，跟明朝开更多的条件，所以他先后挟持朱祁镇到宣府、大同，甚至北京。也先通过这种方式，在宣府和大同拿到了不少金银绸缎，但是在北京，瓦剌兵居然被明军打败了，也先什么也没有得到。所以，也先只好带朱祁镇返回大漠深处。在这个过程中，朱祁镇回到皇宫的希望一次次破灭。

在瓦剌老营中，也先对朱祁镇还算是厚道，生活上给予照顾，给他身边安排了3个人：锦衣卫校尉袁彬、翻译哈铭和卫士沙狐狸。多亏这三人的悉心照料，朱祁镇焦躁的心逐渐平静。他们几人住在蒙古包里，挤在一起，席地而眠。大漠的冬天冷极了，袁彬用身体给朱祁镇焐脚，哈铭睡熟了会把手臂搭在朱祁镇身上。

化险为夷

有一位太监名叫喜宁，是跟随朱祁镇一起被俘的，但是他见风使舵，投靠了也先，仗着自己了解皇宫里的情况，净给也先出馊主意，其中一个馊主意就是让也先把朱祁镇送到南京去。

有一天，也先跟朱祁镇说："看来你们大明是不要你了，不如这样，我送你到南京去。"

朱祁镇问："去南京干什么？"

也先说："当皇帝啊！你回北京当太上皇有什么意思，不如去南京当皇帝。"

也先见朱祁镇不说话，接着说："我妹妹可以给你做妃子。"

朱祁镇有点儿心动了，毕竟这是离开大漠的一个机会啊！他就跟身边的三人商量，大家都不同意。

仔细想想，喜宁给也先出的这个主意非常恶毒。如果朱祁镇在南京称帝，明朝势必南北分裂，而且朱祁镇难免要被瓦剌控制。当然，这也是不可能实现的，一旦进了明朝的地盘，也先也就说了不算了。

真是落在鸡窝里的凤凰不如鸡啊。过了几天，喜宁居然来问朱祁镇考虑得怎么样了。朱祁镇耐着性子跟喜宁说："南京太远了，天气也太冷了，我马骑得不好，怕支撑不住，等天气暖和了再说吧。"

喜宁接着逼了一句："那就先娶妃吧，就是也先那位高贵的妹妹。"朱祁镇说："这事也不急在这会儿。"

喜宁和也先碰了一鼻子灰，立即把袁彬和哈铭给抓了起来。朱祁镇急了，连忙赶去解救，也先只好把这两人放了。

通过这件事，朱祁镇可记住了喜宁这个人。过了一段时间，也先让朱祁镇写信给孙太后，让明朝派人来谈判送回太上皇的事情。朱祁镇说，这封信得派一个可靠的人送到宫里。也先考虑再三，决定派喜宁去。朱祁镇表示，可以再派被俘的明军士兵高磐一起去，证明喜宁是钦差，以免他被杀了。

喜宁和高磐带着朱祁镇给孙太后的信来到宣府，喜宁大声对城墙上的将士喊道："我是太上皇的钦差喜宁，要进京觐见皇太后，快打开城门！"

正在城墙上巡查的杨将军不敢贸然开城门，干脆自己出城，把喜宁和高磐带到城外的一个房间，还摆出酒菜招待。

就在谈话之间，高磐突然搂住喜宁，高声说："请杨将军把我跟喜宁一起绑起来，快啊！"杨将军急忙让手下绑了这两个人，然后在高磐的绑腿里面，找到了一封信。

只见信上面写着："边关守将，喜宁怂恿也先入寇，而且不想送我回京，罪大恶极，现在派高磐引诱他回朝。务必擒拿喜宁，送北京法办，千万不要耽误。"下面的署名就一个字——镇。

见信后，杨将军立即把信和这两个人送往北京，喜宁很快就被处决。

从此，也先的身边少了一位"高参"。朱祁镇这件事干得漂亮！

朱祁镇回归故土

朱祁镇被俘后，也先摆筵席的时候还会让朱祁镇参加，跟瓦剌官兵们聚在一起，喝酒、唱歌、摔跤、跳舞。但是时间一长，也先越来越觉得朱祁镇在自己这里，简直就是个累赘。明朝那边已经有了新的皇帝，再用朱祁镇当筹码，也换不回来什么东西。把他留在这里，还得好吃好喝地伺候着。于是就一再送信给景泰皇帝，希望明朝派人来谈谈，把朱祁镇接回去。

转眼到了第二年七月，朱祁镇已经被俘11个月了。景泰皇帝派使臣前往瓦剌议和。在宴会上，使臣向也先提出迎回朱祁镇之事。也先说："你们回去奏知，务必要差太监一二人、老臣三五人来接，我便差人送回去。"

景泰皇帝派来的使臣并没有给朱祁镇带来信函或衣物，但朱祁镇终于见到了宫里派来的使臣，还是百感交集。他经过这段时间的磨炼和思考，比以前成熟多了。他请使臣向景泰皇帝转达，回去后或守祖陵，或做百姓，无意复位。

使者还没回到北京，右都御史杨善就到了也先的大营。这次杨善带来的景泰皇帝的敕书中只言议和，没提迎回皇兄。但杨善真心要迎回朱祁镇，他典卖了自己的家产，又借贷了很多钱，购买了一大批礼物带给也先。能言善辩的杨善说动了也先，不等宫里派太监和老臣来迎，亲自送朱祁镇南归北京。

景泰元年（1450年）八月初二，做了近1年俘虏的朱祁镇，终于踏上了回京的路。八月十五，又是一个中秋节，朱祁镇由安定门进入北京，景泰皇帝在皇城的东安门内迎接，一番礼仪后，把朱祁镇送入南宫。

这一年，他24岁。从此，太上皇朱祁镇开始了长达7年的南宫囚禁生活。

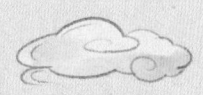

景泰皇帝另立皇太子的小心思

为了换皇太子，皇帝居然给大臣送礼？

朱祁镇和孙太后之所以在遭到大难之后，还能够基本上保持冷静，一个重要的原因，就是皇太子朱见深的存在。

不为他人做嫁衣

我在前面讲过，正统十四年（1449 年）八月十五中秋节，当时还是正统皇帝的朱祁镇在土木堡做了瓦剌的俘虏，5 天之后，朱祁镇的母亲孙太后就做主，立朱祁镇 3 岁的儿子朱见深为皇太子。虽然后来朱祁钰成了景泰皇帝，朱祁镇成了太上皇，但是皇太子仍然是朱祁镇的儿子。而且当时，景泰皇帝还没有儿子。所以，虽然失去了皇位，但是想到儿子朱见深将来会做皇帝，自己的这一支根脉还会继续传承，朱祁镇就得到了莫大的安慰。

那么孙太后呢？她从宫女那里抢来朱祁镇做自己的儿子，又为此挤走胡皇后，自己做了皇后。虽然朱祁镇登基后，她顺利地保住了皇太后的位子，但现在朱祁镇被俘虏了，失去了皇位，朱祁钰成了新皇帝，这样一来，朱祁钰的生母贤太妃吴氏也成了皇太后。孙太后觉得，表面上看吴氏跟自己平起平坐，实际上自己哪能跟朱祁钰的生母竞争呢？好在皇太子朱见深是自己的孙子，将来总要当皇帝，自己作为未来皇帝的祖母还是占优势的。

所以，朱见深这位皇太子自己都不知道，他可是父亲和祖母的一颗定心丸啊！

景泰皇帝本来并没有做皇帝的野心，当初大臣们推举他的时候，他甚至吓得躲了起来。但是等坐上皇位以后，他就开始贪恋这个宝座了。所以，瓦剌首领也先几次提出让朝廷派人把朱祁镇领回去，景泰皇帝都没有行动，即使后来派使臣到也先那里，也不给哥哥朱祁镇带封信，或者带几件衣服，也从来不跟也先提接朱祁镇回来的事情。后来是朱祁镇和身边的大臣都表明不会更换皇帝，他才松口表示可以迎回朱祁镇。朱祁镇的存在就像一根倒刺，让景泰皇帝很不舒服。所以杨善变卖家产主动接回朱祁镇，景泰皇帝也只给了他很少的奖励。

贪恋皇帝的宝座，自然就希望自己的子子孙孙都坐下去，可是皇太子是自己的侄子，并不是自己的亲儿子，这件事就成了景泰皇帝的心病。终于，机会来了。

费尽心思换皇太子

景泰二年（1451 年），杭妃为景泰皇帝生下一个儿子，取名朱见济。从这个儿子出生起，景泰皇帝就在琢磨，有什么理由可以废掉朱见深的皇太子之位，换成朱见济做皇太子。

他先把这个想法跟自己的汪皇后说了，没想到汪皇后却反问他："难道你就不怕被后世笑话吗？"每次一提起这个想法，他俩都要发生口角。景泰皇帝说汪皇后是因为自己没有生儿子，嫉妒杭妃，但汪皇后坚持说这么做失德，说白了，就是缺德，气得景泰皇帝每次都发火。

跟汪皇后说不通，景泰皇帝就琢磨怎么获得大臣们的支持。谁也想不到，他的手段竟然是送礼。

景泰二年（1451 年）十二月，有 6 位大臣突然收到景泰皇帝赐给的银子，其中 2 人 100 两，4 人 50 两。景泰皇帝并没有说理由，大家就稀里糊涂地收下了。

求每个人签字表态。大学士陈循之前收过景泰皇帝赏赐的银子，这次带头签字同意。最后，几位大臣都签了字。景泰皇帝非常高兴，又给每个人赐了黄金。黄玱这个杀人犯不仅被免了罪，还升了官，实在是荒唐。

不久，景泰皇帝就把皇太子朱见深废了，让他做沂王，立自己的儿子朱见济为皇太子。把汪皇后也废了，立杭妃为皇后。

这下子，景泰皇帝自己觉得吃下了定心丸，可朱祁镇和孙太后的心里开始七上八下了。

为了另立皇太子，景泰皇帝不仅给大臣送礼，甚至还枉顾王法，赦免了贼喊捉贼的杀人犯，这是怎么回事呢？

景泰三年（1452年）三月，发生了一件事。远在中越边境的思明府知府黄瑊全家，被庶兄黄玱给杀了。黄玱不仅假装无辜，还要求让自己的儿子接班做思明府的知府。这件事被黄瑊家的一个仆人发现了，报告了负责监察的机构。这件事被查实后，黄玱父子立即被逮捕了。眼看自己一家性命不保，不甘心的黄玱立马托人到北京想办法。最后，为了能取悦景泰皇帝，黄玱托人以自己的名义上了一份奏疏，请求景泰皇帝另建东宫，也就是另立皇太子。

景泰皇帝见到这份奏疏喜出望外，立即赦免了黄玱，并给他升了官，然后让大臣们讨论这份奏疏，还安排太监在场，要

景泰皇帝贿赂大臣，有人提出异议吗？

景泰皇帝为了让自己的儿子做皇太子，用多种办法贿赂大臣，甚至赦免了贼喊捉贼的杀人犯。大臣们对景泰皇帝的目的心知肚明，但不敢得罪他，所以也都没有把这些事挑破。不过，还是有正直之人。吏部尚书王直听到这些事情之后，直接拍着桌子，捶胸顿足地说道："怎么会有这样的事情，我们这些大臣以后怎么见人啊。"

最终，就算大臣们再怎么有异议，内心再怎么不满，朱祁镇最后的希望——朱见深还是被废了皇太子之位，景泰皇帝的儿子朱见济成为了皇太子。

07

让景泰皇帝恨之入骨的三位节士

皇太子之位出现空缺怎么办？

节士，就是有节操的读书人。那么，什么是节操呢？节操，就是高尚的道德和言行。在明朝的皇宫里，有不少这样的节士，面对皇帝的强权、奸臣的陷害，坚持真理、坚持原则，甚至不惜以生命为代价。

权力让景泰皇帝为之疯狂

前面讲到，在立谁的儿子做皇太子这件事上，太上皇朱祁镇和景泰皇帝朱祁钰兄弟俩，各有各的小心思。景泰皇帝又是送礼，又是利用罪犯的奏疏，好不容易把皇太子换成了自己的儿子朱见济，但是人算不如天算，刚踏实了才1年多，年幼的皇太子朱见济居然夭折了。而且更糟糕的是，没了朱见济，景泰皇帝并没有第二个儿子可立为皇太子。

皇太子的位子出现空缺，于是朝中就出现了几种意见。其中呼声最高的意见是，原来的皇太子朱见深本来就没什么过错，不如再立他为皇太子。这种意见，显然对景泰皇帝不利，而对朱祁镇有利。但是如果抛开景泰皇帝和朱祁镇的小心思，从皇朝的全局来看，这样做利大弊小，最可取。

有一位御史名叫钟同，一天到皇宫上早朝的时候，遇到他的好朋友章纶，两人谈起皇太子的事情都很激动，甚至还流下眼泪。两人觉得应该为江山社稷争取一次，于是就相约分别上奏疏，请求恢复朱见深的皇太子身份。于是，在朱见济死后半年，也就是景泰五年（1454 年）五月，钟同上了一份奏疏，他直接写道："太上皇的儿子，也是陛下的儿子。望陛下以天地那样宽广的气量，恢复朱见深的皇太子地位。"景泰皇帝看了之后很不高兴，但是没发作，只是让朝廷大臣们讨论。2 天以后，章纶也上了一份奏疏，意思和钟同一样，景泰皇帝大怒。这时天快黑了，宫门也关了。景泰皇帝的圣旨从门缝传出宫外，下令立即把钟同和章纶抓起来，打入监狱，然后严刑拷打，逼着他们承认跟朱祁镇有勾连。但实际上，朱祁镇被软禁在南宫，他俩根本就不可能去联络。无辜的钟同和章纶被打得死去活来，就是一句话不说。这时，突然刮起大风，沙尘蔽天，白天顿时黑得像晚上一样，

景泰皇帝怕老天报应，就下令把这两位大臣先关起来。

本以为事情就这样过去，没想到过了 1 个多月，景泰皇帝又收到官员廖庄的一份奏疏，还是提起皇太子的事情，意见跟钟同和章纶一样。景泰皇帝虽然没搭理，但是怀恨在心。

第二年，廖庄因为母亲去世，来北京拿勘合，准备回家守孝，就到皇宫的东角门等待上朝。谁知景泰皇帝想起廖庄去年上的那份奏疏，当即命令廷杖他 80 下。什么是廷杖？廷杖是当时对官员的一种刑罚，以锦衣卫的旗校当打手，在午门外当众执行，被打的官员不仅皮开肉绽，甚至有可能会被打残、打死，而且蒙受奇耻大辱，斯文扫地。在明朝的皇宫，经常上演廷杖的悲剧。

廖庄被拖走廷杖，景泰皇帝身边有人提醒说，这件事是钟同带头提起的，于是景泰皇帝又下令把监狱里的钟同和章纶也拖到午门外廷杖，各打 100 下。钟同正当 32 岁的年华，就这样被打死了。九死一

生的章纶和廖庄被继续关押。

立志做节士

史书还记载了这样一件神奇的事情。当初钟同要去递奏疏的时候，他要骑的马躺在地上，不肯走。钟同呵斥说："我都不怕死，你干吗要这样？"那匹马还是不肯起来，钟同再三劝说，马才出发。钟同被打死的时候，这匹马长嘶了几声，竟然也死去了。看来这匹马似乎也有灵性啊！

钟同、章纶、廖庄，不怀私心，以天下为己任，而且为了坚持自己的主张，不畏强权、不怕死，守住了高尚的节操。

前面讲过的不畏大太监王振的强权，劝当时还是正统皇帝的朱祁镇集中权力的刘球，也是一位节士。说起来，钟同之所以做了一位节士，是受到刘球的影响。钟同的父亲钟复也在朝廷做官，跟刘球关系很好。刘球到钟复家拜访，邀他一起去上奏疏，钟复不在，只听钟复的妻子在屏风后面说："你自己上奏疏就行了，何必连累别人。"刘球听了就离开了。结果，刘球上奏疏，为此丢了性命。钟复虽然保住了一条命，但是越想越觉得自己没有骨气，丢了节操，最后竟然因憋屈窝囊病死了。钟复的妻子很后悔，早知如此，还不如让

丈夫跟刘球一起死，还能留下节士的英名。钟同从小就经历了这件事，立志要成为一个有节操的人，而他这一生也做到了。

大讲堂 阁爷爷 ？

什么是勘合？

我们现在如果要验证一个人的身份，可能会先查看他的身份证。但在古代没有身份证，而是会用到勘合。勘合是明代广泛采用的一种纸质凭证或文书。使用的时候，将两半文书合在一起，通过对比这两份文书的字迹是否一致，内容能否接得上等，就可以知道对方的文书是否是真的，防止欺诈。

文中的廖庄因为母亲去世，来北京拿勘合，其实就是为了回老家守孝的时候，呈给地方官府，验证自己的身份。当然，明代的勘合种类繁多，用途广泛，地方官府的公文往来、调兵遣将、户籍管理、官员差遣、钱粮征收等，都会用到它。

08

南宫复辟

朱祁镇是如何重新坐上皇帝宝座的？

太上皇朱祁镇从瓦剌大营回来后，南宫就成了他的住处。南宫不在皇宫里，在今天北京的普度寺、菖蒲河公园一带。南宫复辟，说的是被软禁在南宫的朱祁镇通过一场政变，重新坐上了皇帝的宝座。

复辟机不可失

上文说到换皇太子的事情。景泰皇帝废了朱祁镇儿子朱见深的皇太子之位，让自己的儿子朱见济做了皇太子。但是不到 2 年，朱见济却病死了。钟同、章纶和廖庄 3 位节士，不顾性命，请求再立朱见深为皇太子，遭到监禁和廷杖，钟同甚至为此付出了生命的代价。立谁的儿子做皇太子，实际上是景泰皇帝和太上皇两股势力在较量。

太上皇，美其名曰是皇帝上面的大皇帝，但实际上朱祁镇被弟弟软禁在南宫，根本就是失去了自由，不能离开南宫半步，连过年过节都没有官员来朝贺。所以，他就跟囚犯一样。而且，朱祁镇一家的基本生活也得不到保障，饭菜都是通过窗户送进去，有时还不送。不仅如此，为了避免有人联络被软禁的朱祁镇，景泰皇帝还派人把南宫的围墙加高。本来围墙边有棵大树，朱祁镇喜欢在树荫下乘凉，结果不久他就发现大树没有了，原来是景泰皇帝派人给砍了。后来景泰皇帝还觉得不放心，又命人把宫门的锁眼灌上铁，就算有钥匙也打不开。除了孙太后来看望过几次之外，这里几乎是与世隔绝了。

本来他们之间还算是相安无事，但是景泰皇帝对立皇太子之事这么一番折腾，导致立储之事长期悬而未决，君臣矛盾尖锐，再加上景泰皇帝生了病，这就给太上皇复辟提供了可乘之机。

复辟经过

有4个人在积极策划，拥立朱祁镇复位。第一位是大太监曹吉祥，第二位是文臣，副都御史徐有贞，第三位是武官，都督张轨（yuè），第四位是武清侯石亨。一天夜里，他们在徐有贞家里秘密商议。徐有贞说："一定要让住在南宫的太上皇，知道我们的行动。"石亨和张轨表示，1天前就已经偷偷送信了。为了获取支持，他们又让曹吉祥进宫去告诉孙太后。

景泰八年（1457年）正月十五元宵节，本来皇帝每年都要和大臣们一起举行宴会，但是因为景泰皇帝生病了，宴会就免了。实际上，景泰皇帝已经病了好几天，甚至都不能上朝，看来病得不轻。正月十六夜晚，这四人又在徐有贞家聚会。徐有贞一向以会看天象而出名，他登上屋顶，仔细观看天象后说："就在今天晚上行动，机不可失！恰好这一阵子边疆不太平，就以此为名，带兵进入皇宫，看谁敢阻拦！"计划确定以后，徐有贞点香祷告，说："事成了，有利于国家；如果不成，就会给家族招来大祸。咱们能回来，就还是人；不能回来，就是鬼了！"

当天深夜，石亨打开长安门，把事先准备好的上千名官兵放进皇宫，然后紧闭宫门，防止其他人进宫。

徐有贞、石亨、张轨带领一队官兵，直扑南宫，只见南宫一片寂静。他们使劲叩门，里面没有回应。徐有贞怕时间长了事情败露，就命十几名官兵用一根粗大的木头，使劲撞门。同时派人翻墙进去，里外一起扒宫墙，最后，高墙被扒出个缺口，大门也被撞开了。

徐有贞、石亨、张轨等人进入南宫，只见朱祁镇手上拿着一盏油灯走出来，问怎么回事。徐有贞等人赶紧跪下说："陛下请登大位！"然后就请朱祁镇登上轿子。黑暗中，每个人都非常紧张，抬轿子的官兵刚开始慌得连轿子都抬不起来。见到这种情况，徐有贞等人赶紧把朱祁镇扶上轿子，半抬半拉着轿子匆匆往皇宫走去。

到了东华门，守门的士兵不让进。朱祁镇说："朕太上皇帝也！"于是开门进宫，一行人很快就到了三大殿前面的奉天门（今太和门）。

因为景泰皇帝好久不上朝了，皇帝的宝座还放在奉天殿的角落里，大家把宝座放到大殿的中间，朱祁镇就坐上了熟悉的宝座。这时，已经到了第二天，也就是正月十七的早晨，钟鼓齐鸣，礼乐奏响，皇宫大门敞开。文武百官进宫，等候景泰皇帝上朝，只听殿上噪声四起，还不知道发生了什么。这时，徐有贞跟大家说："太上皇帝复位了！"接着就带头三跪九叩，高呼"万岁"。官员

们这才反应过来，原来宝座上的皇帝已经换了！大家赶紧又跪又拜。就这样，太上皇朱祁镇夺回了皇位，重新做了皇帝，年号不是他原先做皇帝时候的"正统"了，改成"天顺"。而躺在病床上的景泰皇帝被废为郕王，十几天以后就去世了。他没能葬在为自己修的帝王陵墓里，而是按照王爷的等级葬在西山。

接着，朱祁镇自然是又立了自己的儿子朱见深做皇太子。这场兄弟之间争夺皇位的斗争，就这样落下帷幕。

朱祁钰的错误主要来源于一个"贪"字。贪恋皇位，失去人心。贪心大，胆子又小，整天在内心折磨自己，结果英年早逝。

而朱祁镇遭过大难，受过奇辱，吃过大苦，见过大世面，是经历过政治磨炼的人。因此他关键时刻敢出手，最后取得胜利。但是他从来都没有彻底反思过"土木之变"的根本原因，没有做过自我批评。可见，让国君认错、改过，真的太难了！

朱祁镇两次登上皇位，创造了故宫历史上的第八个"第一"。

09

杀于谦自毁长城

为什么朱祁镇一定要杀掉于谦？

景泰八年（1457年）正月十七的早晨，朱祁镇南宫复辟，在奉天殿重新登上皇位，成为天顺皇帝。他下达的第一个命令，就是把兵部尚书于谦和大学士王文抓起来，关进监狱。后来，朱祁镇还下令把于谦和王文杀了，抄了他们的家，把他们的家人流放到边疆。

朱祁镇这些年来，自己当了瓦剌的俘虏，又被软禁在南宫长达7年，儿子朱见深作为皇太子也被废掉，实在是很倒霉。但是，他从来都不反思是什么原因带来的这种后果。难道不是因为自己宠信大太监王振，盲目率兵亲征在土木堡大败，才有这样的结局吗？国家遭受了巨大损失，明军遭受了巨大损失，百姓遭受了巨大灾难，难道自己就没有责任吗？朱祁镇不但不反思自己，反而都归罪于别人，于谦就成了替罪羊。

那么，于谦是个怎样的人？为什么朱祁镇要下这样的毒手呢？

稳定乱局的于谦

于谦是浙江杭州人，祖父做过兵部主事，官位不高，父亲干脆就在家里读书写字，没有出来做官。于谦出生在这样的家庭，很小就开始读书，是一个志向高远的人。

粉骨碎身浑不怕，
要留清白在人间。

24 岁时，于谦考中进士，走进官场。朱祁镇在正统年间执政的时候，于谦任兵部左侍郎。本来，朱祁镇要亲征蒙古瓦剌，兵部是坚决反对的，当时的兵部尚书邝埜和于谦拼命上奏疏阻拦，无奈朱祁镇不听。后来邝埜跟着朱祁镇去了，死在土木堡，于谦留在北京负责处理兵部的日常事务。

当明军兵败的消息传来，孙太后把亲孙子朱见深立为皇太子，是想要保住自己的地位。而于谦等大臣拥立朱祁钰为新皇帝，完全是出于对国家安危的考虑。当时，皇太子朱见深年幼，蒙古瓦剌的兵马眼看就要打到北京，亟须有一位新皇帝作为国家的主心骨。所以，当朱祁钰向于谦表示感谢的时候，于谦大声回答："我们确实是为国家担忧，并不是考虑哪个人的私利。"后来，于谦升为兵部尚书后应召进宫，他流着眼泪，慷慨激昂地对已经继位的景泰皇帝朱祁钰说："现在瓦剌得志，扣留太上皇，势必会看轻中国，长驱而来。请求皇上命令各边防守臣，协力防御。"接着，他提出详细的兵力调配部署计划和防御的战略战术。这些，给毫无经验的景泰皇帝以极大的支持。在这个非常时期，朝廷上下都十分倚重于谦，于谦自己也毅然以社稷安危为己任，指挥军民成功地保卫了北京，打退了瓦剌的进犯。所以，于谦是在国家危难关头站出来的有功之臣。

惨遭杀害

也先之所以愿意把太上皇朱祁镇送还明朝，主要是因为朱祁镇已经失去可以用来和明朝讨价还价的作用了。但是，景泰皇帝不愿意让朱祁镇回来，否则他的皇位会受到威胁。当吏部尚书王直等人提出派使者接太上皇回来，景泰皇帝生气地说："我本来根本不想登大位，是你们非要推举我。"于谦从容地说："皇位已经确定，怎么会有变化呢？理当速速把太上皇接回来。"景泰皇帝这才同意。所以，朱祁镇能回来，于谦是尽了力的。但是朱祁镇回来以后，反而怨于谦拥护朱祁钰做皇帝，让自己回来没皇位坐，看于谦帮助景泰皇帝把军政大事处理得妥妥当当，也是心有醋意的。

支持朱祁镇南宫复辟的四人，也都对于谦非常不满。徐有贞因为提出把首都迁到南京，遭到于谦当众驳斥，对于谦恨之入骨。石亨曾推荐于谦的儿子于冕到北京做官，于谦推辞，景泰皇帝不同意。于谦说："国家不太平，我的儿子更加不能享有特殊的恩典。况且石亨作为大将，没听说过他举荐人才，为什么偏要推荐我的儿子？我可不敢让儿子滥领功劳。"于谦说得义正词严，让石亨下不来台，因此石亨也对于谦记了仇。而张轨因为作战失利，曾遭到于谦批评，一直怀恨在心。至于曹吉祥，见景泰皇帝非常信任于谦，早就酸掉了牙。

朱祁镇南宫复辟后，这四人给于谦编造罪名，说于谦建议更立皇太子，还污蔑于谦等人策划迎立朱祁镇的皇叔襄王的儿子来做皇太子。皇太子这件事最能触动朱祁镇的神经，皇太子是自己的儿子，自己做皇帝就有希望，如果让别人的儿子做了皇太子，那不就是断了自己的希望吗？但是当朱祁镇看到要杀于谦的奏疏时，还是犹豫了，说："于谦还是有功的。"徐有贞跟了一句："不杀于谦，您重登大位就师出无名。"听到这句话，朱祁镇立即下定了决心。不久，朱祁镇就下令杀了于谦，抄了他的家，把他的家人都流放到了边远的地方。

抄家的人发现，于谦的家里没有什么财产，正房上了锁，打开锁一看，都是皇帝赐给的蟒衣、剑器。于谦死的那天，阴霾四合，天下人都为他叫冤。都督同知陈逵感念于谦的忠义，收其遗骸埋葬，后来又将于谦归葬杭州。

有一首诗《石灰吟》，你可能很熟悉：

千锤万凿出深山，
烈火焚烧若等闲。
粉骨碎身浑不怕，
要留清白在人间。

有人说这首诗就是于谦写的，还有人说是在一本写于谦的小说里出现的。无论作者是谁，这四句诗就好像是于谦一生的写照。

朱祁镇杀了于谦，命陈汝言为兵部尚书。可不到1年，陈汝言就被揭露出贪赃之事。朱祁镇召大臣进宫，埋怨说："于谦在景泰朝受重用，死后没有留下半点儿财产。看看你们推荐的人，还有什么话说！"当边防告警，朱祁镇就忧形于色。在他身边伺候的吴瑾表示，如果于谦在，肯定不会让边寇如此猖狂。朱祁镇听后不作声，他也曾为杀于谦的决定后悔过吧！

尽管如此，朱祁镇还是给大太监王振举行了葬礼，并给他立了祠堂来纪念他。朱祁镇给王振的评价居然是"旌(jīng)忠"，意在表扬王振十分忠节，真是荒唐至极。

10

第一位从大明门抬进皇宫的皇后

∧ ∨

享受特殊荣耀的她真的命好吗？

前面一直在说正统皇帝，也是后来通过南宫复辟再次登基的天顺皇帝朱祁镇，这一篇，我来说一下他的皇后钱氏。朱祁镇是明朝第一位在北京皇宫的坤宁宫举行大婚的天子，钱皇后也是第一位从大明门抬进北京皇宫的皇后。当年肯定是风光无限，众人仰慕。

大明皇宫中，大明门是唯一用国号命名的门，可谓是"国门"，甚至可以被看作是王朝的象征。按照明朝的规定，只有皇后结婚的时候，才能用喜轿抬着从大明门进入皇城，再通过承天门（今天安门）、端门、午门这3道门进入皇宫。其他妃嫔进宫，是没有资格通过大明门的，而钱皇后是明朝第一位享受这份特殊荣耀的皇后。

顾全大体但命苦的钱皇后

关于钱皇后的身世史书记载很少，只知道她是江苏海州（今江苏省连云港市海州区）人，正统七年（1442 年）被立为皇后。钱皇后有件事情被《明史》的编纂人称赞。中国帝制时代，皇后的娘家被称为"外戚"。女儿一旦当了皇后，娘家人便鸡犬升天。汉、唐时期的外戚之祸，危害不浅，史不绝书。朱祁镇曾考虑过钱皇后的娘家身世单微，要封给钱家侯爵，就是公、侯、伯、子、男五等爵位中的第二等"侯"，还不是第一等的"公"。但钱皇后几次谦辞，所以始终没封。《明史》记载"故后家独无封"。意思是，在整个明朝历史上，皇后家没有被封爵的只有钱皇后家。这五等爵位，既有地位又有待遇，可以说是名利双收，而且还可以传给后代。这么大的利益，钱皇后都一再谢绝了，可见她不是一位平庸的女性。也可以看出，朱祁镇对这位皇后是有感情的，也是爱护的。

钱皇后从民间嫁到皇宫，又赶上明朝的兴盛时期，所以过了几年锦衣玉食的惬意生活。但是丈夫朱祁镇不懂事，过分依赖大太监王振，竟然在 23 岁那年兵败土木堡，做了蒙古瓦剌的俘虏。

大难当头，钱皇后搜遍了自己的嫁妆库底，把所有的金银首饰、绸缎布匹，只要是瓦剌喜欢的，全部拿出来。为了朱祁镇，钱皇后倾其所有，只期望着能换回朱祁镇，可见钱皇后对丈夫有多珍爱。

朱祁镇在瓦剌那里待了 1 年，钱皇后也哭了 1 年。她日夜哭泣，竟然哭瞎了一只眼睛。又因为长时间坐在地上哭，趴在地上哭，造成一条腿坏死。当朱祁镇回来，看到 1 年前那个青春韶华、貌美如花的皇后，变成了一个身体残缺的人，不知心里是什么滋味！

朱祁镇回来，一家人住进了南宫，表面上享受着太上皇的尊荣，实际上是被软禁起来，几乎与世隔绝。钱皇后料理全家人的生活，还带着妃嫔和宫女做针线活，让太监拿出去换点东西，补贴家用。当然，她的主要心思是用在丈夫身上，不仅在生活上对丈夫精心照料，还每天陪伴在丈夫的身边，特别是当朱祁镇心情不好的时候，钱皇后努力劝解开导。这样的日子，一直过了 7 年。

晚景凄凉

南宫复辟以后，钱皇后又重新做了皇后。她没有生儿子，朱祁镇立儿子朱见深为皇太子，把朱见深的生母周氏升为贵妃。这个周贵妃可不是省油的灯，她仗着自己是皇太子的生母，暗地里跟钱皇后较劲。但是朱祁镇忘不了在大难的时候，钱皇后为自己做出的牺牲，所以对钱皇后非常尊重爱护，临终前留下遗嘱，将来钱皇后去世以后和自己同葬。

朱祁镇死后，皇太子朱见深继位，就是后来的成化皇帝。他的生母周贵妃，就成为皇太后。这位周贵妃，处处跟钱皇后争高低、比地位，害得钱皇后差点儿连皇太后都做不上。后来幸亏大学士据理力争，钱皇后才被尊为皇太后。

本来朱祁镇临死前，遗嘱钱皇后与自己同葬。但钱太后死了以后，周太后竟然不同意。成化皇帝把球踢给大臣们讨论，自然有拍周太后马屁的，有坚持朱明家法的，上下反复，意见不一。后来，吏部尚书李秉和礼部尚书姚夔（kuí）召集了99位大臣，为钱太后争和朱祁镇同葬的权力，但仍然没有得到周太后的恩准。到了第三天，近百名官员跪在文华门外的地上大哭，事情闹得很大。成化皇帝请示母亲周太后，周太后就是不同意。而皇上不答应，群臣就跪在地上不起，从上午巳时（今9时~11时）到下午申时（今15时~17时），僵持多时。最后在大臣们的坚持下，周太后才勉强同意让钱太后跟朱祁镇同葬裕陵。

但事情还留了个尾巴，什么尾巴呢？

朱祁镇的棺椁（guǒ）两侧，原本是左侧安放钱太后的棺椁，右侧预留出来，将来安放周太后的棺椁。但是周太后坚持要把钱太后的棺椁，跟朱祁镇的棺椁相隔好几丈远，还不能相通；而给自己预留的那个位置，和朱祁镇的棺椁既近又相通。

还有更过分的。皇宫里的奉先殿是皇室的家庙，供奉着本朝已故帝后的牌位。每逢年节或者遇到朝廷的大事，皇帝都要到奉先殿上香行礼。钱太后是第一位从大明门抬进皇宫的皇后，她的牌位难道不应该供奉在奉先殿吗？结果这里只有周太后的牌位，没有钱太后的牌位。

所以，即使贵为皇后、皇太后，作为一名皇宫里的女子，失去了皇帝的庇护，根本就谈不上什么地位和名分。

11

风雨飘摇中长大的皇帝

是谁将深陷朝廷旋涡里的朱见深拉了出来？

前面说过，朱祁镇创造了故宫历史上的 8 个"第一"，他不仅一辈子过得跌宕起伏，而且使大明王朝遭遇了自永乐、洪熙、宣德 3 代开创的繁盛局面以来的一次大危机。他的儿子朱见深，从小就被裹挟在朝廷的旋涡里，从而又继续创造故宫历史上新的"第一"。

悲惨童年的唯一慰藉

朱见深 3 岁的时候，父亲朱祁镇在"土木之变"后被蒙古瓦剌俘虏。他的祖母孙太后很快就把他立为皇太子，并把他放在身边养育。之后，他的叔叔朱祁钰做了皇帝，而他远在敌营的父亲成了太上皇。

自古以来，皇太子就是皇帝的儿子，可现在，皇太子是皇帝的侄子，这个关系有点儿尴尬。什么意思？就是说将来有一天景泰皇帝去世了，皇太子朱见深是要接班当皇帝的，而景泰皇帝自己的亲儿子，也就跟皇位没什么关系了，皇家的血脉是错位的。所以，从一开始，朱见深这个皇太子就当得有些尴尬。

小小的朱见深哪里懂得这些，他有一个可依赖的靠山，就是孙太后。孙太后当年好不容易才靠着抢来的儿子挤走胡皇后，自己当上了皇后，后来儿子朱祁镇做了皇帝，自己也就做了皇太后。可惜朱祁镇不争气，当了蒙古瓦剌的俘虏。景泰皇帝继位后，他的生母贤太妃吴氏也成了皇太后，不仅和孙太后平起平坐，还压过了孙太后。但孙太后暗自庆幸，得亏还有朱见深这个孙子做皇太子，有朝一日他做了皇帝，定不会亏待自己。可以想象，这位孙太后对朱见深得有多宝贝。

孙太后有一位宫女，姓万，小名贞儿。她的父亲万贵，原来是一个县衙里的小官，后来被贬到顺天府霸州（今河北省廊坊市霸州市）。要说万贞儿也是个苦命的人，年仅 4 岁就被选到宫里，在孙太后还是皇后的时候，在她的宫里做宫女，陪伴和伺候孙皇后。万贞儿虽然长相平平，但是很聪明，也很勤快，十分善解人意。后来，孙皇后成为皇太后，由于她很信任万贞儿，就把皇太子朱见深交给她伺候。

万贞儿比朱见深大 17 岁，这时已经20 岁了，从此就悉心照料年幼的朱见深。这个时候，朱见深的父亲当了俘虏，嫡母钱皇后整日哀哭，生母周妃也在为丈夫担忧。虽然 1 年后父亲回来了，但是在南宫不能出来，两位母亲也都在南宫陪伴。所以，可怜的朱见深几乎见不到父亲和母亲，只有祖母孙太后和宫女万贞儿给予他温暖的呵护。特别是万贞儿，既是奴仆，又扮演了母亲的角色，每天都和他形影不离，成为他生活的依靠，也是他感情的寄托。

朱见深 5 岁的时候，景泰皇帝有了一个亲生儿子朱见济，很快就把朱见深改为沂王，改立自己的儿子朱见济为皇太子。而且，还让年幼的朱见深搬离了皇宫，在宫外的王府居住。这件事，给孙太后和朱祁镇很大的冲击，让这二人之前寄托在朱见深身上的希望，一下子破灭了！如果说，之前他们都是静待景泰皇帝死去，皇太子朱见深继位，那么从现在开始，他们就要琢磨怎么改变现状了。而朱见深离开皇宫，陷入孤立无援的危险之中，他的身边，最可靠的就是万贞儿。

没想到，景泰皇帝把皇太子换成自己的亲儿子还不到2年，年幼的皇太子居然病死了！而且，他没有第二个儿子可立了。即便如此，景泰皇帝依旧没有立朱见深为皇太子，皇太子之位长期悬而未决。

朱见深11岁的时候，事情出现了转机。父亲朱祁镇通过南宫复辟，又当上了皇帝，而他又被立为皇太子。

皇太子，可不光是一个身份，还配套了完善的待遇，朱见深从这个时候开始，才算是从深渊一下子来到了天堂，而他始终离不开那位万贞儿。

独宠万贞儿

孙太后非常了解万贞儿，所以一直看紧了他们，严防他们超出主仆的关系。到朱见深16岁的时候，孙太后去世了，朱见深和万贞儿的亲密关系迅速升温。父亲朱祁镇和钱皇后、周贵妃深知这二人之间的年龄和出身相差太大，绝不可能让万贞儿成为朱见深的正妻。于是，朱祁镇亲自为朱见深挑选皇太子妃，最后选了3位女子，分别是王氏、吴氏和柏氏，王氏排在第一。但是还没来得及册立，朱祁镇就病重去世了。临终前，朱祁镇留下遗命，让朱见深继承皇位后百日就完婚。

百日以后，已经是成化皇帝的朱见深举行了婚礼。朱祁镇生前看重的是王氏，而周太后看中的是吴氏。还在世的周太后给成化皇帝带来的压力非常大，所以成化皇帝于天顺八年（1464年）七月二十一，册立吴氏为皇后，并举行了隆重的婚礼。

吴皇后，顺天人，也就是今天的北京人，她知书达理，雅好音律，自当主持六宫，母仪天下。但吴皇后看不惯万贞儿在成化皇帝身边指手画脚，很快就和她发生了冲突，让身边的太监用棍子打她。万贞儿向成化皇帝哭诉，求皇上做主。结果怎么样呢？八月二十二，刚刚册立1

个月的吴皇后就被成化皇帝给废了。废后吴氏搬到皇宫外面的一组宫殿——西内去居住，她的父亲和哥哥都被贬去成守边关。西内在金鳌玉蝀（dòng）桥（今北海大桥）西，棂（líng）星门北，羊房夹道内。凡宫人病老或有罪就先发落到此，待年久再发落到浣衣局。

吴皇后被废不到 2 个月，成化皇帝举行第二次大婚典礼，皇后是王氏。

不到 3 个月的时间里，皇帝两次举行大婚典礼，这在故宫的历史上是唯一的。

这是成化皇帝创造的"第一"。

有了吴皇后的前车之鉴，王皇后忧惧，因而对万贞儿处处忍让。成化二年（1466 年），37 岁的万贞儿给朱见深生下了皇长子，朱见深高兴极了，把万贞儿封为贵妃。但是，这位皇子当年就夭折了，从此万贵妃再也没有过身孕。

成化皇帝和万贵妃的年龄和出身如此悬殊，但成化皇帝却无比宠爱和依赖万贵妃，这引起了许多人的疑问：这是为什么呢？

这离不开朱见深幼年的经历。伴随父亲朱祁镇被俘、被囚、复辟的大起大落的命运，年幼无助的他经历了被立、被废皇太子之位的反复折腾，甚至还被搬出了皇宫。但是忽然有一天，他又成了高贵的皇太子，之后更是做了皇帝，至高无上。这种大起大落的人生经历，使朱见深养成了懦弱而又强势的矛盾性格。苦难，可以将人锻炼得更加坚强，也能把人消磨得更加懦弱。朱见深在苦难中，消磨成胸无大略、胆小懦弱的扭曲性格，因此，他对万贵妃的依恋，是超出人们想象的。

除此之外，万贵妃也能说会道，善于逢迎。成化皇帝游幸的时候，万贵妃常常身穿戎装，骑马前驱，相比六宫粉黛的柔弱姿态，身着戎装的万贵妃自然给成化皇帝一种新鲜感，成化皇帝看到她后就眉飞色舞。凭借多年的陪伴与精神的支持，万贵妃始终占据成化皇帝心中最重要的位置，而这也是她日后弄权营私、翻云覆雨最大的资本。对成化皇帝来说，只有万贵妃才能让他有安全感，让他平静，让他感到幸福。身为堂堂的大明皇帝却如此依赖万贵妃，也是可悲啊！

成化四年（1468年）九月初三的夜晚，天空出现了彗星，4天之后形成了一条3丈长的巨大尾巴。从这天开始，直到十一月初四，彗星才逐渐消失，历时62天。对于当时的人们来说，彗星预示着灾难即

将来临，所以引起了朝野的恐慌。人们不禁把彗星出现的现象同万贵妃联系起来，这是怎么回事呢？下一篇我再讲给你听。

阁爷爷大讲堂 ?

明朝的妃嫔是怎样排序的？

我在前面已经讲到了一些皇后、贵妃、妃等后宫女子。但在明朝，妃嫔的封号可不止这些，不同时期也有所不同。一般来说，明朝后宫妃嫔的等级大致排序为：皇后、皇贵妃、贵妃、妃、嫔、昭仪、婕妤、美人、才人、选侍和淑女。

其中，皇贵妃这个等级是成化皇帝独创的。因为成化皇帝太喜欢万贵妃了，他的母亲周太后又不让万贵妃当皇后，于是成化皇帝就册封万贵妃为皇贵妃。所以，万贵妃是明朝的首位皇贵妃。

12

出生在冷宫里的皇子

为什么成化皇帝一直以为自己没有儿子？

前面说到，成化四年（1468年）九月初三到十一月初四，整整62天，天空出现彗星，拖着长长的尾巴。本来，彗星的出现只是一种自然现象，但是当时人们把这种现象理解为灾难即将来临，所以引起朝野的恐慌。

万贵妃残害皇嗣未果

这个时候，成化皇帝结婚已经4年，但一直没有儿子。人们不禁把彗星出现的现象和万贵妃联系起来，认为是万贵妃运用手腕，使成化皇帝无法亲近其他妃嫔，违背了老天的旨意。成化皇帝嘴硬，说："这是内廷的秘事，我自有主张！"其实，他也对这件事有所忌惮。

万贵妃有手腕、有心计，让成化皇帝独宠自己，使得皇家缺少子嗣，但她一手难以遮天，百密总有一疏。成化五年（1469年）四月，贤妃柏氏生下一位皇子。这位小皇子被千呵万护着，长到3岁，成化皇帝把这位小皇子册立为皇太子。但据说，刚过去2个月，皇太子突然生病，而且刚病了1天就死了。于是人们纷纷猜测，一定是万贵妃下的毒手。

但成化皇帝是一个大活人，还是一国之君，岂是万贵妃能看住的呢？一天，成化皇帝偶然到内府珍藏文物的地方，邂逅了一位在这里管理书画器物的宫女，就跟她聊了起来。原来她姓纪，是广西贺县（今广西壮族自治区贺州市）一位土司的女儿，明军出征广西，纪氏被俘虏了回来。成化皇帝翻看她的账本，只见字迹娟秀，账目清晰，就知她是个聪慧的女子。于是成化皇帝就在这里让纪氏怀上了身孕。

万贵妃知道后，真是羡慕嫉妒恨啊，命令宫女给纪氏堕胎。宫女哪敢这么做，就谎报纪氏没有怀孕，是肚子里长了瘤子。既然生病了，纪氏就被贬谪（zhé）到西内的安乐堂居住。

纪氏十月怀胎，生下一位小皇子。万贵妃听说以后，命太监张敏把小皇子放在水里溺死。张敏惊讶地自言自语道："皇上没有儿子，为什么要这么做？"

于是，张敏偷偷拿来粉汤蜜糖喂养小皇子，还把纪氏和小皇子藏在秘密的房间

中。此时，被废掉的吴皇后也谪居在西内，她得知后，也亲自帮着哺养小皇子。万贵妃派人到处寻找，也没有找到。

父子相认

成化十一年（1475 年）的一天，张敏正给成化皇帝梳头，已经 29 岁的成化皇帝照着镜子，感叹道："我都快老了，却还没有儿子！"张敏立刻跪下奏道："奴才死罪，万岁已有儿子了！"成化皇帝大吃一惊，问："在哪儿？"张敏回答："奴才说出来就会死，万岁当为小皇子做主。"太监怀恩在旁边也磕着头说："张敏的话是真的。小皇子被偷偷养在西内，如今已经 6 岁了，一直不敢说。"

成化皇帝得知自己已经有了一位小皇子喜出望外，立即要见小皇子。

当天，成化皇帝就驾临西内，派遣

太监进去迎接小皇子。纪氏得知消息后，抱着小皇子一边哭，一边教导说："儿子，你这一去，我就犯了欺君的大罪，可能就活不了了。你看见穿着黄袍，脸上有胡须的人，就是你的父亲！"

小皇子换上深红色的小袍子，乘着小轿子出来，太监们簇拥着他来到台阶下，他见了父亲，就跑过去扑到父亲的怀里。因为常年躲在西内，小皇子头发披地。成化皇帝把小皇子抱在膝上，抚摸着，看不够，又悲又喜，流着泪说："是我的儿子，像我！"

接着，成化皇帝派怀恩到内阁，向朝臣传告事情的原委。群臣闻知，皆大欢喜。第二天，大臣们到皇宫庆贺，成化皇帝为小皇子赐名朱祐樘，颁诏天下。当年十一月，立朱祐樘为皇太子。

纪氏交出儿子后，儿子被册封为皇太子，自己也被封为妃，从西内安乐堂回到皇宫，住进西六宫的永寿宫。成化皇帝还多次召见纪妃，两人把酒言欢。

这段历史，如果不是史书中有记载，有谁会相信这竟然真的发生在堂堂大明朝的皇宫里。小时候经历坎坷，长大又富贵荣华，这种大起大落的人生经历，可以成就一位坚强有力的明君，也能造就一位懦弱胆小的庸君，可惜成化皇帝是第二种。

万贵妃听说这一切之后日夜哭泣，埋怨并叹息道："这群小人，欺骗我！"万贵妃知道自己受骗了，会善罢甘休吗？

阁爷爷 大讲堂

什么是内阁？

明朝在皇帝之下，设立了一个辅助皇帝处理政事的机构，这个机构就叫内阁。内阁下设大学士，人数不固定，一般是5至7人。明朝建立之初是没有内阁的，洪武皇帝为了将皇权牢牢地攥在自己手里，废除了宰相制度，自己直接领导六部。永乐皇帝继位后，发现每天堆积的公文如山，难以处理，于是在大学士之中建立了一个团体，专门负责帮他处理政务，内阁就正式建立起来了。

随着时代的发展，内阁的权力不断扩大，到明朝中后期时建立了司礼监，希望用它来制约内阁的权力。但是这样一来，天下大事都由司礼监的太监来决定，国家会更乱套。所以明朝后期朝臣与太监之间的斗争非常严重，弄得朝廷乌烟瘴气，危机四伏。

13

王皇后的生存秘诀

成化皇帝的后妃们结局如何？

同年病逝

年幼的朱祐樘被立为皇太子后，得到祖母周太后的保护。这时，周太后住在仁寿宫①，她跟儿子成化皇帝说："把孩子交给我。"想当年，她的儿子朱见深被孙太后立为皇太子，也是养在孙太后的宫里。

朱祐樘跟着周太后住在仁寿宫。一天，万贵妃召朱祐樘去吃饭，周太后跟朱祐樘说："孩子，你去了不要吃东西！"朱祐樘到了万贵妃那里，万贵妃果然给他东西吃。朱祐樘说："我已经吃饱了。"万贵妃就给他羹喝，他说："会不会有毒啊？"万贵妃特别生气："孩子这么小就这样，将来还不以我为鱼肉吗？！"

成化十一年（1475年）六月，纪妃突然死了。纪妃的死因，有说是万贵妃密设毒酒害死的，也有说是自缢而死的。没有史料可查，算是一桩疑案。那位给成化皇帝梳头的太监张敏怕万贵妃报复，也吞金自杀了。

---

① 后来明嘉靖年间在仁寿宫旧址上，并拆除旁边的大善殿，建成了慈宁宫。

万贵妃年纪大了，此时已经怀孕无望，就放松了对其他妃嫔的监督，成化皇帝又接连得了多位皇子。但是万贵妃始终觉得朱祐樘跟自己有仇，就劝成化皇帝易储，也就是换个皇太子。当时正好泰山地震，算卦的人说："应在东宫。"意思是说，之所以地震是老天在暗示皇太子不能动。成化皇帝害怕极了，这件事就算了。

成化二十三年（1487 年），58 岁的万贵妃死了。关于她的死因，一种说法是，万贵妃命手下用鞭子抽打一个宫女，万贵妃气性太大，被一口痰给憋死了。另一种说法，说她是被身边的太监或宫女勒死的。但这些说法现在都已经无法考据了。成化皇帝惊闻万贵妃去世的噩耗，很长时间不说话，然后长叹一口气，说："万侍长去了，我也将去了！"从此，闷闷不乐，寝食不安，同年就跟着去世了。

成化皇帝终身宠爱万贵妃，不能同年生，却做到了同年死。

人各有命

成化皇帝的后妃，据《明史》记载共有 5 人，除了万贵妃外，分别是：吴废后、王皇后、纪妃和邵妃。在万贵妃被独宠的情况下，她们各有生存之道。第一任皇后吴氏被废掉，幽居西内。后来她帮助纪氏养育小皇子朱祐樘，朱祐樘继位后，她也回到了皇宫。

第二任皇后是王氏。她本来是成化皇帝的父亲天顺皇帝朱祁镇为他选中的皇后，但是因为朱祁镇去世，皇后被改选为吴氏，她只做了一位妃子。后来吴皇后没有处理好和万贵妃的关系，很快就被废掉了。这件事发生后不到 2 个月，皇宫再次举办大婚典礼，王氏做了皇后。这位王皇后，在万贵妃被独宠的情况下，安安稳稳地做了 23 年皇后；万贵妃去世以后，她又做了 18 年的皇太后、13 年的太皇太后。前后加起来，一共 54 年。史书说她"母仪两朝，寿过八十"，被誉为明朝历史上最尊贵、最长寿的皇太后。

同样是在万贵妃被独宠的时期，吴皇后 1 个月就被废了，而王皇后却做了 23 年皇后，万贵妃直到死，也没把王皇后怎么样。

成化皇帝的妃子纪氏，也是一位不平凡的女子。她怀孕以后没有得到皇帝的保护，在冷宫里偷偷生下皇子，偷偷养育了五六年，其间承担了多少风险啊！好在她的儿子朱祐樘继位后，给她追加谥号，还封她的父亲为庆元伯、母亲为伯夫人，在广西桂林府立庙祭祀。

成化皇帝的另一位妃子邵妃，生下了皇子朱祐杬（yuán）。朱祐杬成人后，被封为兴王，后来封藩到湖北安陆（今湖北省钟祥市）。邵氏万万没有想到，朱祐杬的儿子，也就是自己的孙子朱厚熜（cōng），后来居然当了皇帝，也就是嘉靖皇帝，而她自己做了太皇太后，也得以善终。

成化皇帝的后妃，人各有命。那位最尊贵、最长寿的王皇后，提供了宝贵的生存秘诀。她聪明贤惠，很有智慧。做皇后的时候，王皇后很少受到成化皇帝的恩宠，但她对丈夫恪尽妻道，毫无怨言。面对万贵妃的专宠，史书说她"处之淡如"，就是淡然面对的意思。后来做皇太后、做太皇太后，王氏居上不骄，居下不忌，心地善良，言行知礼，看得淡，想

得开，心胸宽，气量大。这就是王氏幸福人生和健康长寿的秘诀。

阎爷爷
大讲堂
？

明朝的皇后一般都居住在皇宫的哪座宫殿呢？

坤宁宫在明朝是皇后的寝宫，每位皇后从被册立之日开始，就居住在坤宁宫。如果一位皇后迁出坤宁宫，可能有两种原因：一种是半途被废黜了，就像文中提到的吴废后一样，废后的诏书下达之日起，就要迁出此宫；另一种是皇帝去世，皇后在新皇帝继位后成为皇太后，就需要迁到供皇太后居住的宫殿中生活。

14

皇帝身边的画师

宫廷画师主要做什么工作？

如今我们参观故宫博物院，或者其他的一些博物馆，经常可以看到明代皇帝画的画，还像模像样的，颇有艺术造诣。那么，深宫里的皇帝，是谁在教他们画画呢？原来，在皇帝的身边有一个画师群体，他们在皇宫里有固定的工作场所，由专门的机构进行管理，留下了许多画作。

宫廷画院迎来鼎盛时期

成化皇帝执政的时候，明朝建立已经百年，进入平稳发展的时期，具备了一定的文化发展实力。而成化皇帝之所以偏爱绘画、吟诗，具有较高的艺术修养，是因为他在宫中拥有优越的学习条件，宫里学习艺术最为得天独厚的资源，就是皇帝身边的画师。成化皇帝执政晚期是明代宫廷画院的鼎盛时期，画师大约有数百人。

早在郑和下西洋的时候，就有西域进贡狮子到皇宫。成化十九年（1483年），西域撒马尔罕的首领偕同亦思罕的酋长，派人带着两只狮子前来进贡，走到嘉峪关，希望明朝的使臣去迎接，并且沿途安排军队护送。兵部职方郎中陆容起草一份奏疏说："狮子这种东西，不能当祭祀品，也不能当牲口骑，属于没用的东西。"主张谢绝。兵部尚书陈公钺看了之后又咨询礼部，礼部尚书周洪谟也说："派使者去迎接狮子，破了规矩。"但是成化皇帝听说后，立即派太监前去迎接。为什么？因为在他看来，来自异域的狮子是祥瑞之兽，象征着吉祥。

这两只狮子来到宫里，得到了特别的饲养，每天吃活羊，还吃蜂蜜和奶制品等，就连负责养狮子的人也都有官职。成化皇帝还特别命令宫廷画师为狮子画像。画师周全画了一幅《狮子图》，描绘了 1 只雄狮和 3 只小狮子玩耍的场景，背景是溪流、松竹，既新奇又祥和。这幅画现如今保存在日本东京国立博物馆。

才华四溢的吴伟

有一位画师名叫吴伟，曾经 3 次进入皇宫画画，他是江夏（今湖北省武汉市江夏区）人，他的父亲就擅长书法绘画。父亲去世时，吴伟还年幼，被湖广左布政使钱昕收养。钱昕是个清官，擅长诗文，他发现吴伟有绘画的才华，就给他提供笔墨纸砚，加以引导，吴伟进步很快。

17 岁时，吴伟在南京结识了不少达官贵人，画作也有了名声。20 岁他就到了北京，受到王公大臣的尊敬和仰慕。很快，他就被成化皇帝召进皇宫。那个时候，宫廷画师在宫里的工作地点主要在仁智殿，这是一组两进的院落，在武英殿的北侧，现在已经看不到了，在明朝末年已被烧毁。吴伟还被授予了官职——锦衣卫镇抚，这是个从六品的官。可能有小朋友会感到奇怪，画师怎么会在锦衣卫当官，锦衣卫不是太监掌控的机构吗？

其实，画师被授以锦衣卫的官职，属于寄禄官性质，意思是有官名，但不需要做相关官职的工作。锦衣卫的官职只作为日后考察官员资历、升迁的依据。

吴伟潇洒不羁，才华横溢，脾气也很倔强。有一次，成化皇帝召他画画，他刚喝了酒，就趁着醉意，跪着把墨汁倒在纸上，然后就在纸上随手涂抹，旁人一时不明白他这是要干什么。结果，不一会儿，他竟然画成了一幅《松风高士图》。这个过程，看得成化皇帝目瞪口呆，不由得惊叹："真是仙人的手笔啊！"

到弘治皇帝朱祐樘执政的时候，吴伟被再次召到宫里，弘治皇帝赐给他"画状元"的印章，还赐给他一座北京的府第。正德皇帝朱厚照后来召他进宫时，他还没上路就醉酒而死，终年50岁。我们现在在上海博物馆还可以看到吴伟留下的《铁笛图》。

宫廷画师的工作内容

实际上，宫廷画师在宫里办公的地点，除了仁智殿，还有武英殿、文华殿等处。画师们在宫里，有时会在皇帝作画的时候，在旁边润色、修饰，甚至给皇帝代笔。另外，陪同皇帝品鉴书画，也是他们一个重要的文化活动，这十分考验画师的文化修养。

当然，他们每天的任务主要是作画，画皇家的日常生活，画重大典礼和事件，画皇帝、皇后、大臣的肖像，画历史人物的故事，还有皇宫的各个宫殿，以及对皇家寺院进行装饰，画壁画。当他们随同出行的时候，就画各地的山川地形和风土物产。他们画的扇面，常被皇帝当作赏赐群臣的礼物。

成化皇帝有一幅画很有名，就是《一团和气图》，画的是陶渊明、陆修静、慧远法师3人。3个人抱在一起，形成一个

圆，寓意精诚团结，同心同德。再联想到景德镇御窑烧造的斗彩鸡缸杯，我们不难体味成化皇帝个人高超的艺术修养和品味。关于这个杯子，下一篇我再讲给你听。

大讲堂 阎爷爷 **？**

明朝宫廷画师的待遇怎么样？

明朝的宫廷画师大多为九品官员，待遇并不算丰厚，但也能勉勉强强混口饭吃了。可如果能够入职锦衣卫，就是六品官员了，俸禄可以提升不少。不仅如此，锦衣卫画师的子孙后代还可以承袭这个职位。所以，入职锦衣卫是许多宫廷画师的梦想。

除了正常的俸禄外，画师还会有机会获得皇帝的赏赐，数额不定，只要画得好，深得皇帝的喜爱，就有可能被赐予金钱。成化皇帝对宫廷绘画的大力支持，也使得宫廷画在这一时期进入繁盛期。

15

成化皇帝的斗彩鸡缸杯

斗彩鸡缸杯为什么名扬天下？

明朝有一个票拟制度。一般凡事由各衙门提出方案，内阁大学士为皇帝草拟出处理意见，再由司礼监代表皇帝朱笔批示。这是宣德皇帝为他年幼的儿子朱祁镇继位而制定的制度。权力交给内阁，票拟交给内监，二者互相制约，而皇帝稳操君权。所以到成化年间的时候，皇帝基本上不用操心朝廷的日常事务，由内阁和司礼监维持国家机器的正常运转。

在这种情况下，成化皇帝在宫里都做些什么呢？

平庸的皇帝，出色的艺术家

成化皇帝喜欢绘画、写字、听戏、赋诗、嬉游、乐舞，还收集珍宝古玩。说到气质，他已然没有祖辈建设和发展国家时期的豪迈与阳刚，而是在奢华的深宫中养成了爱好艺术的气质。这种气质，在成化皇帝和万贵妃的畸恋中得到展现，也通过当时景德镇御窑生产的瓷器得到体现。

当时有一种瓷器名扬天下，就是斗彩。什么是斗彩？这是景德镇御窑为成化皇帝烧制的一种新的瓷器，以小、巧、薄、艳为特色。在一件瓷器上，釉下的青花和釉上的彩画争相斗艳，色彩鲜丽，所以得名为斗彩。斗彩的烧制工艺比较复杂，先在瓷胎上画青花，然后上釉，再入窑经1300摄氏度高温烧制。出窑后还只是半成品，还要在釉上绘画红、黄、蓝、绿等各种色彩的图画和纹饰，再二次入窑，经600摄氏度~800摄氏度低温烧制完成。

成化时期的斗彩瓷器，最著名的就是斗彩鸡缸杯。小巧的杯子类似缸的形状，杯子纤薄的外壁上绘画了2组鸡群，每组有1只公鸡、1只母鸡、3只小鸡。公鸡沉稳，母鸡慈爱，小鸡顽皮，活灵活现，跃然瓷上。鸡群周围，洞石清秀，幽兰碧青，牡丹吐艳，一派春意盎然的景象。

斗彩鸡缸杯好在哪里？清初有一位大收藏家名叫高士奇，他在《成窑鸡缸歌注》里说："成窑酒杯，各式不一，皆描画精工，点色深浅，莹洁而质坚。鸡缸上画牡丹，下画母子鸡，跃跃欲动。"依我看，成化斗彩鸡缸杯，胜在形、薄、色、图。一是缸形杯子，颇有特色；二是胎薄如纸，莹洁质坚；三是点色鲜丽，深浅争艳；四是图案栩栩如生，情趣怡然。

这么轻巧别致的瓷杯是做什么用的呢？斗彩鸡缸杯是成化皇帝御用的酒杯。明朝的宫廷内已经开始有了喝白酒的习惯，因为酒劲浓烈，所以多用斗彩鸡缸杯这样的小杯。可以想象，成化皇帝和万贵妃曾在皇宫的月夜里，碰杯戏饮，好不快活。

斗彩鸡缸杯不仅成化皇帝喜欢，后来明朝的万历皇帝也非常喜爱。在帝制时代，皇帝和皇家的喜好总能引领当时的时尚风潮。万历时期成化御窑的酒杯，价值100两银子一对。到了清朝中期，一件成化御窑鸡缸杯价值100两银子。2014年4月8日，有一件明成化斗彩鸡缸杯在香港重要的中国瓷器及工艺品拍卖会上，以2亿8124万元港币的天价成交，这从侧面反映了成化时期御窑瓷器的价值和水平。

贤能清廉的督陶官

为什么景德镇御窑可以烧制出像斗彩鸡缸杯这么精美的瓷器？除了工匠、原材料和窑炉等因素，还有一个重要的原因，是有一位清官在景德镇御窑任督陶官。

何瓛（huán），华亭（今上海市松江区）

人。自幼聪颖，优异出众，作文赋诗，众人无不惊讶于他的才华。但是，他6次参加科举考试，却6次落第，非常郁闷。一位名叫张公的人惜才，建议他去做官。他就到吏部竞聘，做了一个"饶州别驾"。别驾是一个副职，饶州别驾就是饶州府的副职长官。何瓛心里不太愿意，去找张公。张公劝他去就职，说："饶州的副职，虽然官府在府城鄱阳，却有衙署在景德镇。所职掌的事务只有御器厂，也就是御窑这一件事，没有其他杂务。"于是，何瓛携带着家眷到景德镇上任。

当时，成化皇帝要求御窑以宣德窑为典范，烧制御用的龙凤瓷器，也就是带有龙凤图案的瓷器。何瓛为了完成这个任务，放下架子，和工匠们共同商讨，制订方案。然后，他选取最精细的材料，绘制最佳的图样，选用最优秀的工匠。每烧一

窑，何瓛都要整肃衣冠，和大家一起默默祝祷，最后烧窑完全成功。精美的瓷器运到宫里，受到了成化皇帝的喜欢。

就这样，何瓛3年任满又任3年，考核满意再留任3年。他在景德镇连任9年，为皇宫烧制了大量的精美瓷器。

何瓛不攀富贵。分藩在江西的宁王看中了他的孙子，要跟他结亲，他毅然谦辞。后来宁王败落，何瓛没有受到牵连。

何瓛居官清廉慎勤，而且体恤民情。窑中有时会烧出有特殊变化的瓷器，虽然很有特色，但是因为每一次窑变都非常偶然，不可重复，所以他从不将这些瓷器上缴皇宫，而是封存在仓库里。如果上缴到宫里，也许会得到皇帝的奖励，但要是皇帝喜欢，让再烧一件，该怎么办呢？所以，景德镇御窑的人们都感激何瓛。他因病辞官的时候，景德镇的百姓有的背着慈母，有的搭起帐篷，夹道相送，盛况空前。

何瓛退休后，居家悠闲，读书著述，20年后去世，活到85岁高寿，正如《论语》里说的"仁者寿"。一个人，有一颗仁慈、善良的心，往往心胸比较开阔，心态比较平和，这些都有益于健康长寿。

斗彩鸡缸杯，体现了成化皇帝的审美趣味，更凝聚了宫廷艺术家、御窑工匠、督陶官等许许多多人们的智慧和技艺。

16

皇帝身边唯一连中三元的大臣

商辂有什么过人之处？

什么是"连中三元"？古代科举考试，省级考试叫乡试，第一名叫解元；全国考试叫会试，第一名叫会元；朝廷考试叫殿试，第一名就是状元。如果连续得到解元、会元、状元，就叫连中三元。连续得到 3 个第一名真的是太难了。按照《明史》的说法，在整个明朝历史上连中三元的只有一个人，这个人名叫商辂（lù）。商辂是由正统皇帝朱祁镇钦点的状元。我在上文讲过，朱祁镇和朱祁钰两位皇帝，有正统、景泰、天顺 3 个年号，再加上后来的成化皇帝朱见深，所以商辂先后陪伴了 3 位皇帝。

能够在科举考试中连中三元，又先后工作在 3 位皇帝的身边，这位商辂是怎样的一个人呢？

坎坷的为官之路

商辂是浙江淳安县（今浙江省杭州市淳安县）人，他学养深厚，心理和身体素质超群。不仅如此，他仪表堂堂，举止大方。所以正统皇帝起先把他留在身边，在翰林院做一名展书官。展书官是做什么的呢？就是在经筵日讲的时候，站在皇帝的御案旁边，为皇帝打开书本。其实，他也相当于是皇帝的老师，或者叫文学顾问，皇帝读书遇到什么问题，他就帮着解决。

商辂是正统皇帝钦点的状元，职业生涯又是从正统皇帝的展书官起步，他跟正统皇帝的关系自然就近一些。"土木之变"正统皇帝被俘之后，商辂坚决支持于谦留守北京，反对南迁首都，主张抵抗瓦剌。1年后，已经成为太上皇的朱祁镇从大漠回来，景泰皇帝派商辂到居庸关迎接。

但是，商辂后来还是因为曾效忠于景泰皇帝，得罪了朱祁镇。所以在朱祁镇南宫复辟又做了皇帝以后，商辂就被革职。直到朱祁镇去世以后，成化皇帝继位，商辂才重新得到重用。商辂先后担任兵部、户部、吏部尚书，在内阁工作达10年之久。

讲求原则，刚正不阿

商辂为官正直。《明史》评价商辂，说他"和而有执"。就是说，他平常与人为善，但关键时刻会坚持真理。这里我就说3件事。

第一件，面对成化皇帝宠爱的万贵妃，敢于拒绝所请，不给面子。

万贵妃是个贪婪的女人，她仗着成化皇帝的宠爱，得到了太多的东西，但是她还不满足，还想提高自己娘家的地位。她请人给自己的父亲画了一张画像，然后托人请商辂在画上题赞。什么是题赞？就是在画上写一段话，夸赞画上的人。万贵妃非常看重商辂的名望，希望通过商辂的题赞，提高她父亲的地位，让父亲千古流芳。万贵妃放低姿态，说可以给商辂很多金银绸缎，当作润笔费。可在商辂看来，自己身为内阁大臣，怎么能为皇帝妃子的父亲题赞呢？金银绸缎怎么能比一个大臣的名节重要呢？所以，商辂说："非上命，不敢承也。"意思是说，这不是皇上的钦命，不敢应承。商辂因此得罪了万贵妃，但是他并不在乎。

第二件，他出于保护成化皇帝的儿子和妃子的公心，把自己的安危置之度外。就在成化皇帝知道了纪氏和小皇子的事情之后，小皇子朱祐樘被周太后养在仁寿宫，纪氏怎么办呢？商辂上奏疏说："皇子和母亲很久都不能相见，大臣们也是议论纷纷。最好是让她住到仁寿宫附近，方便母子见面。"后来，纪氏就住进了永寿宫，这是皇宫里的西六宫之一，是皇帝的妃嫔居住的正式宫殿。商辂的这份奏疏，恐怕除了他，不会有第二个人敢写，他不怕万贵妃对自己打击报复。

再说第三件，对于成化皇帝宠信的大

太监汪直敢于批评，上奏疏罢了西厂。

什么是西厂？明朝太监掌控的机构之前是东厂和锦衣卫，而到了成化十三年（1477年），这种机构除了之前的东厂、锦衣卫之外，又设立了一个西厂，由汪直负责。这些机构，到处侦查，随便抓人，酷刑逼供，无法无天。而新成立的西厂更是猖狂。

商辂忍无可忍，带领其他官员，给成化皇帝上了一份奏疏，列出汪直11大罪行，而且直言："陛下您偏听偏信汪直，而汪直和一群小太监都说秉承您的密旨，无恶不作。自从汪直被重用，官员不能安心履职，商人不能安全行路，百姓不能安享家业。如果不立即罢掉汪直，天下的安危都是未知数啊！"

成化皇帝看了以后特别不高兴，很不以为然，说："用一个太监，怎么会危害天下？这是谁带领着上奏疏的？"他命令

太监怀恩传下圣旨，把上奏疏的官员严厉训斥了一顿。

商辂毫不畏惧，立即上奏疏，给成化皇帝列举事实："汪直擅自抄没三品以上北京官员的家产。大同和宣府是边城要害，那里的守备一刻也不可缺，汪直却一日之内抓走好几个人。南京，是祖宗的根本之地，汪直却擅自收捕留守大臣。就连皇帝身边的侍从，汪直也是自行更换。所以汪直不离开，天下怎么会没有危险呢？"

其他几位大学士也都支持商辂，商辂感谢他们，说："各位都是为了国家，我又有什么可担忧的呢？"很快，成化皇帝把西厂给裁撤了。

但是，成化皇帝对汪直的宠信并没有改变。于是，商辂请求退休，成化皇帝也没有挽留。从此，朝中大臣没有人再敢和汪直相抗争。

商辂退休以后，大学士刘吉见他子孙满堂，就感叹着对他说："我与您共事多年，从来没见过您笔下妄杀一个人，所以老天对您的回报很丰厚啊。"这句话的意思是商辂从没有利用职权，滥杀无辜。商辂回答："我不过是不敢让朝廷妄杀一个人而已。"所以《明史》对商辂的评价是：守义、尽忠、贡献。这些美德，出自一个"正"字。人的一生，得个"正"字，足矣！

商辂退休后，居家10年去世，享年73岁，在当时也是高寿。

附录①：本册大事记

宣德三年（1428 年）二月

朱祁镇被立为皇太子

宣德十年（1435 年）正月

朱祁镇继位

正统六年（1441 年）十一月

三大殿、坤宁宫和乾清宫重修完成，朱祁镇宣布明朝定都北京

正统七年（1442 年）五月

朱祁镇与钱皇后举行婚礼

正统十四年（1449 年）八月

朱祁镇被蒙古瓦剌俘虏，朱见深被立为皇太子

正统十四年（1449 年）九月

朱祁钰继位，朱祁镇被尊为太上皇

正统十四年（1449 年）十月

兵部尚书于谦率领北京军民击退瓦剌大军

景泰元年（1450 年）八月

朱祁镇被软禁在南宫

景泰三年（1452 年）五月

朱祁钰废朱见深皇太子之位，立皇子朱见济为皇太子

景泰四年（1453 年）十一月

皇太子朱见济夭折

景泰八年（1457 年）正月

朱祁镇南宫复辟，朱祁钰被废

天顺元年(1457 年)正月

朱祁镇下令杀了于谦

天顺元年(1457 年)三月

朱祁镇复立朱见深为皇太子

天顺八年(1464 年)正月

朱祁镇去世,皇太子朱见深继位

天顺八年(1464 年)七月

朱见深立吴氏为皇后

天顺八年(1464 年)八月

朱见深废皇后吴氏

天顺八年(1464 年)十月

朱见深立王氏为皇后

成化二年(1466 年)正月

万贞儿生皇长子,次月被封为贵妃

成化二年(1466 年)十一月

皇长子夭折

成化六年(1470 年)七月

皇子朱祐樘出生于西内

成化十一年(1475 年)五月

朱见深与皇子朱祐樘相认

成化十一年(1475 年)十一月

朱见深立朱祐樘为皇太子

成化二十三年(1487 年)正月

万贵妃去世

成化二十三年(1487 年)八月

朱见深去世

附录②：故宫平面示意图

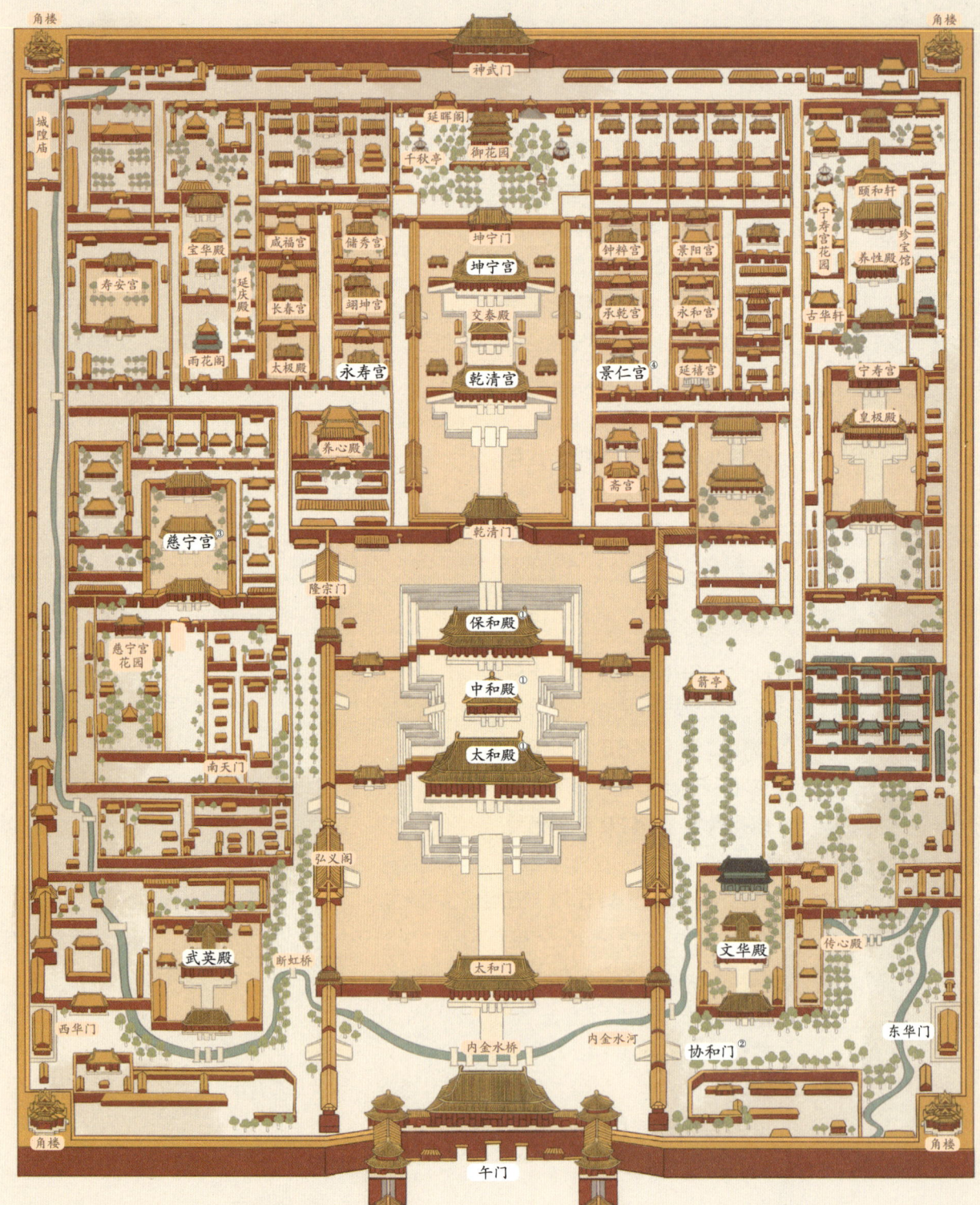

角楼　　神武门　　角楼

城隍庙　延晖阁　御花园　颐和轩

千秋亭　　　　　宁寿宫花园　珍宝馆

宝华殿　咸福宫　储秀宫　　坤宁门　钟粹宫　景阳宫　养性殿

寿安宫　延庆殿　长春宫　翊坤宫　坤宁宫　　　永乐宫　永和宫　古华轩

雨花阁　太极殿　永寿宫　交泰殿　　　景仁宫④　延禧宫　宁寿宫

养心殿　乾清宫　　　　皇极殿

慈宁宫③　　斋宫

隆宗门　乾清门

慈宁宫花园　　保和殿

箭亭

南天门　中和殿①

太和殿

弘义阁

武英殿　断虹桥　　太和门　　文华殿　传心殿

西华门　　　内金水桥　内金水河　协和门②　东华门

角楼　　午门　　角楼

①如今故宫的三大殿——太和殿、中和殿、保和殿，明初名为奉天殿、华盖殿、谨身殿，明嘉靖年间名为皇极殿、中极殿、建极殿，清顺治年间改为今名。

②协和门，明初称左顺门，嘉靖年间改名为会极门，清顺治年间改为今名。

③慈宁宫，始建于明嘉靖年间，是在明仁寿宫的旧址上，并拆除旁边的大善殿而建成的。

④景仁宫，明初称长安宫，嘉靖年间改为今名。